La herida económica

La herida económica

por

Estrella Salgado Díaz

MANDALA EDICIONES
MADRID, 2000

1ª edición en español, 2000

c/ Escalinata , 9
28013 Madrid (España)
Tel. (91)5480954 - Fax: (91)5480326
email: fcabal@lander.es
www.libroverde.com/mandala.html

ISBN : 84-95052-40-7
Dep.legal: M-6512--2000

Realiza: Taravilla S.L.
- Mesón de Paños, 6 - Madrid

en papel ecológico

A Ana Marta Laplace

Índice

Presentación

Esta obra viene a ser un intento de entender la historia, y más específicamente el proceso económico, de una forma global, completa. Para ello se apela tanto a las capacidades que se relacionan con el desarrollo de la voluntad como a aquellas que tienen que ver con el sentimiento, actitud que no constituye un fenómeno aislado, por lo que la proliferación de hechos semejantes parece indicarnos que en eso consiste la cualidad propia de esta época. [Se presenta de variadas maneras entre las que podemos entresacar la utilización de los dos hemisferios cerebrales, la interacción del intelecto y la intuición, no encasillarse en lo técnico o lo erudito, la fusión de la cualidad de lo femenino y la de lo masculino en mujeres ejecutivas y hombres con una sensibilidad y comprensión altamente desarrolladas...]

Seguir el proceso histórico atendiendo a los fenómenos que la historia nos describe, pero sin dejar de lado los hechos suprasensibles y sus efectos sobre la humanidad es un desafío ante el que la cultura dualista que hasta ahora ha imperado se ha visto impotente, por lo que muchos intentos de construir una ciencia con base en lo espiritual o en lo suprasensible adolecen de falta de rigor. No obstante es necesario cambiar el prisma para poder ver las facetas que se nos escapan de la economía, de los fenómenos sociales, de la propia cultura... Cuando ampliemos los puntos de vista aparecerán nuevas soluciones.

Introducción

Normalmente cuando hablamos de ideas recurrimos a una metáfora concreta: la de la luz. Una luz que se enciende haciéndonos comprender que en la cueva oscura de nuestro cerebro algo se ha abierto permitiéndonos ver entresijos hasta entonces ignorados de nuestro pensamiento.

En la historia de muchos hombres han existido momentos determinados que se han erigido en fuente de luz para el resto de sus vidas.

Esta «iluminación» puede tener lugar, fundamentalmente, de dos formas distintas. La primera consiste en hallar un punto de vista nuevo, más amplio, que además de contener lo que hasta ahora constituía nuestro universo, permita adentrarse en nuevos horizontes mediante una herramienta fundamental para toda actitud científica: el pensar que deriva de la observación. De esta manera se descubrió la Ley de la Gravedad o el Principio de Arquímedes.

Por la segunda, los seres reciben la «iluminación» en forma de pensamientos acabados, rígidos, ajenos por completo a ellos, sirviendo no obstante de inspiración para sus actos.

Esta segunda *fuente de luz* ciega la actividad pensante instituyéndose en verdad perpetua, que, ya sea en forma de ideología ya de dogma tiende a que el hombre actúe conforme a parámetros que le vienen dados desde fuera, previos a sus propios juicios. Para quien busca una rigurosa actitud científica, todo prejuicio de este estilo resulta indeseable.

Un día tropecé con el pensamiento de Rudolf Steiner, una investigación tanto esotérica como exotérica profunda, en la que frecuentemente leemos: «No me crean, verifíquenlo», máxima que en principio significa lo más opuesto al dogmatismo que pueda concebirse.

Steiner esboza varios puntos de vista diferentes entre sí, que surgen del análisis de la observación de la realidad circundante, sin anteponer ninguna clase de premisa y desarrolla un método para la autoeducación del adulto (un método, no un sistema de axiomas) con el que es posible empezar a reelaborar cualquier concepción del mundo. Afirma que las conclusiones a las que todo hombre llega surgen desde un determinado punto de vista desde el que indudablemente se tiene razón, por lo que insiste en la inutilidad de rebatir criterios u opiniones de las cosas. Es más, visto de esta manera, hemos de coincidir en que el hecho de que intentemos hacer prevalecer nuestras opiniones e imponer así a los otros nuestro criterio resulta una especie de agresión para el que tiene razón desde su punto de vista, o lo que es lo mismo, para todo el que realmente tiene un punto de vista. Su tesis consiste en que si varios espectadores ven cualquier objeto desde distintas perspectivas, cada uno de ellos nos dará una versión diferente de ese objeto, y esas versiones pueden parecer absolutamente contradictorias. La única manera de conciliar divergencias consiste en encontrar la forma de «ampliar» los puntos de vista.

Si a nuestro ángulo de visión le añadimos el de la persona que está a nuestro lado (o dicho de otra manera, si escuchamos con interés a esa persona para comprender su punto de vista), habremos avanzado un escalón en nuestro conocimiento. Si nos limitamos a discutir habremos perdido tiempo y energías. La búsqueda de conocimiento, pues, reside no en tener razón en cualquier diatriba, sino en comprender las demás razones, las que no son la nuestra. Sólo entonces podremos hacer un análisis objetivo y entresacar los aciertos de los errores, pero ese análisis no nos autoriza entonces a arrojarle a la cabeza a nadie sus contradicciones. Se trata de exponer para que cada cual pueda llegar por sí mismo a una comprensión cada vez más depurada; exponer viene a resultar una actitud opuesta a la imposición y, fundamentalmente, ha de responder a un interés de otros por nuestros puntos de vista.

Hasta este hallazgo, mis aspiraciones espirituales habían sufrido los vaivenes del dogma católico, entrando en franca pugna con el más mínimo análisis. Me negaba a creer (ya que por principio la fe es la única vía de conocimiento católico) que el pensamiento fuera incompatible con el espíritu, hasta que leyendo a Steiner encontré la afirmación de que *pensar es nuestra más preciada herramienta; que un SANO PENSAR es la fuente de certeza más profunda desde la que se puede afrontar la vida; que el pensamiento es el acto más próximo a la naturaleza de lo espiritual que el ser humano puede realizar.*

Este hombre, en 1923, hacía un análisis tan completo de las realidades económica y social en que vivía la humanidad entonces, que sus observaciones han constituido muchos de mis puntos de partida en la actualidad. Desde que se publicó su obra han cambiado muchas cosas en el mundo, pero al leerla he comprobado que los fenómenos esenciales o primarios que describe aún siguen vigentes y lo que no entiendo es cómo se ha podido ignorar un estudio tan exacto de las cosas.

No es fácil afrontar la situación social y económica. Su creciente complejidad al avanzar a lo largo de la historia hizo que llegado un momento nos perdiéramos en sus variados matices y amplísimos campos por lo que tuvimos que separarla en diversos compartimentos para estudiarla. Al analizarla de este modo, los hechos perdieron la conexión que habían mantenido entre sí durante años, a la hora de ser afrontados por el pensar y el estudio humanos. Hasta cierto momento existió una imagen global que permitía contemplar lo que hoy llamaríamos «información existente sobre el tema»; cuando esto no fue posible, se dejó de sentir que lo social constituye una unidad y se empezó a querer resolver las cosas aisladamente, sin llegar a comprender extremos tan obvios como el hecho de que una educación deficiente acarrea problemas individuales y sociales gravísimos, o que una medida económica equivocada tiene consecuencias en el tiempo que nos resultan imposibles de prever, pero casi siempre viene a generar dolor y sufrimiento. Para resolver, o tan siquiera afrontar con mínimas garantías de éxito el mundo económico, es imprescindible obtener nuevamente una visión de conjunto y los hombres del presente parecen presentir esta necesidad, desarrollando desde hace algunos años una fuerte tendencia a buscar una concepción unitaria de las cosas, lo que se puede apreciar en la frecuencia con que hoy se hacen planteamientos *holísticos*, o lo que es lo mismo, globales.

A pesar de partir del estudio y la más clara admiración por

la obra de Steiner, nada de lo que se expone ha sido transcrito sin un análisis minucioso, nada se repite porque tal o cual autoridad lo dijera en su momento, sino que es consecuencia de una elaboración personal, aunque, eso sí, no pretende ser original.

Para algunos esa tarea personal se entenderá con claridad en los múltiples procesos de pensamiento lógico que se producen a lo largo de las páginas, si bien para otros puede resultar tedioso y complicado, sintiéndose más a gusto con las imágenes, comparaciones y alegorías que puedan encontrar, las que, a los primeros tal vez puedan parecerles poco serias.

La ciencia de estos últimos años hace especial hincapié en la existencia de dos clases diferentes de actividad en nuestro cerebro, la lógica y la artística, la de los gestos y la de la manipulación, la imaginativa y la deductiva. Por otra parte, las escuelas esotéricas hablan de la actividad de la intuición y la del pensamiento.

En realidad no es muy importante definir el hecho, lo que sí resulta fundamental es describirlo y podríamos aproximarnos a la realidad diciendo que hay personas que «piensan» en imágenes y personas que «piensan» en conceptos. Los conceptos se elaboran a partir de la observación de los hechos, y una vez han surgido en nuestra mente son conservados en la memoria, de donde los extraemos posteriormente cada vez que los necesitamos. Al pensar en una mesa, de forma refleja traemos el concepto a nuestro pensamiento, desde nuestra memoria. Para no confundirnos, pensemos en cuáles han sido nuestros procesos internos al ver cualquier cosa por primera vez. En realidad, al no tener experiencias previas de algo nos sentimos inseguros y acudimos a nuestro pensar para entender lo que ocurre. El director y realizador español Narciso Ibáñez Serrador afirmaba en la presentación de una serie de terror para televisión que lo que realmente nos da miedo es lo desconocido. En verdad, la sensación de no saber lo que pasa es una de las más desagradables que vive el ser humano. No poder entender algo cuando lo intentamos con todas nuestras fuerzas constituye una fuente de sufrimiento a veces insoportable, porque nos falla nuestra capacidad de traducir a conceptos lo que experimentamos, y nuestro pensamiento trabaja con conceptos, con detalles precisos y definiciones claras.

Pero hay una segunda forma de afrontar los hechos exteriores, consistente en dejar que nuestra vida interior, nuestro sentimiento se impregne de lo que percibimos. En este caso no queremos detalles, nos molestan para acoger la imagen completa y la sabiduría popular lo describe con el refrán: «Los árboles no nos dejan ver el bosque»

Los árboles son los conceptos, los detalles concretos a través de los cuales nuestro pensamiento se apodera de nuestras vivencias. El bosque es la imagen global, mediante la cual acogemos en nuestro sentir lo que se nos presenta. Durante varios siglos la humanidad ha desarrollado la comprensión y la percepción a través de la imagen en el sexo femenino, así como la capacidad de comprender mediante conceptos lo que percibimos con nuestros sentidos en el masculino.

Aunque en estos últimos tiempos los estereotipos se están desdibujando. Las posturas ya no están firmemente definidas y delimitadas, apareciendo un gran número de seres humanos que han desarrollado tanto lo que se podría llamar capacidad de análisis como la de globalización. Ellos podrán entender con su pensamiento completo más rápidamente este intento de ver a la humanidad como un organismo en el que los procesos han de ser contemplados no sólo en sus aspectos mensurables como hace la ciencia oficial, sino en todo aquello que se vive en el plano suprasensible, aunque sus efectos se manifiestan en el físico.

Y lo suprasensible no es nada místico ni misterioso. Es tan sencillo como comprender que hay fuerzas, hechos, impulsos que no pueden ser tratados de la misma manera que la ley de la Gravedad o cualquier fenómeno del que se ocupe la Física. La moral individual, las fuerzas de crecimiento, por ejemplo, son hechos suprasensibles.

Espero, no obstante, que al leer estas páginas haya un número suficiente de personas que se sientan cómodas no sólo en los procesos lógicos sino en las imágenes, porque así se aúnan lo sensible y lo suprasensible.

I

Una panorámica histórica. Economía recolectora

Al comenzar la vida sobre la tierra lo hizo en condiciones muy diferentes a las actuales. Se ha discutido mucho sobre la índole de estas diferencias, pero para empezar nos basta con estar de acuerdo en que en un principio la humanidad y el reino animal tenían unas actividades económicas comunes consistentes en recoger de la naturaleza lo necesario para alimentarse y cobijarse. El individuo era dueño de aquello que con su esfuerzo había cazado y recolectado, así como poseía temporalmente el lugar en que asentaba su morada. La naturaleza proveía de lo necesario y cada cual se limitaba a tomarlo de acuerdo con sus necesidades.

Hoy, cuando vemos a un pájaro reunir pajuelas para su nido, o transportar al mismo insectos con que alimentar a las crías, no pensamos en un proceso económico, y sin embargo lo que tiene lugar se podría llamar economía natural, recolectora, semejante a aquella en la que vivían nuestros más remotos antepasados.

Lo que hoy entendemos por proceso económico nada tiene que ver con recoger fruta, desenterrar raíces y aprovechar los cereales que la naturaleza brinda, pero así fue en el principio.

Esta situación se caracterizaba por el nomadismo.

¿Qué causa un permanente deambular por la tierra?. Podemos decir que los cambios climáticos por calentamientos o enfriamientos de la corteza, los cambios de eje magnético o físico, las estaciones, los períodos de germinación de la tierra o el agostamiento del hábitat por diversas causas originaron éxodos masivos de individuos, aunque también han existido múltiples casos en los que no aparece una razón que los justifique (por ejemplo, ciertas culturas florecientes de América desaparecieron en la nada; sus habitantes se marcharon de allí sin que sepamos el motivo) por lo que cabe pensar que determinados cambios de asentamiento de todos los habitantes en épocas o zonas concretas están motivados, empujados por impulsos que tienen que ver con causas distintas de las meramente físicas o fisiológicas. Se podría decir que nada contradice la idea de que tras estas migraciones se encuentra la evolución de la humanidad. Las leyendas nos cuentan cómo en la época atlante se produjeron migraciones masivas, pueblos enteros se trasladaron de este a oeste y de oeste a este en busca de nuevas condiciones de vida que permitieran cambios evolutivos.

Pero estas migraciones, semejantes al éxodo bíblico, consisten en cambiar de asentamiento, y el nomadismo más bien se asemeja a la diáspora, al errar sobre la tierra como extranjeros cuya patria está en otro sitio.

Hoy en día sobreviven algunas etnias que conservan el nomadismo como forma de vida (Los Tuaregs entre los trópicos, los Esquimales al Norte), etnias, según algunos autores, desgajadas de estas migraciones atlantes que relatan las leyendas y es curioso observar cómo la influencia que el mundo ha podido ejercer sobre ellas se limita a las esferas en que desarrollan sus escasas actividades: Han avanzado hasta la economía de trueque, pero prácticamente desconocen el valor del dinero, y si éste entra en la comunidad produce tales trastornos sociales que terminan dejándolo a un lado; aunque parezca contradictorio, usan armas de caza sofisticadas y aprenden a convivir con ellas porque pueden encontrarles una utilidad, pero algo tan simple para nosotros como la noción de una frontera resulta para estos pueblos imposible de asimilar. Opinan que la Tierra es de todos los seres. E incluso van más allá. Los dos pueblos mencionados se caracterizan por un extraordinario sentido de la hospitalidad. Es frecuente la descripción por parte de asombrados viajeros de cómo bajo la tela de la tienda o el hielo del iglú, se comparten como la cosa más natural del mundo la escasa comida y el agua, se ceden cama y esposa con la peculiaridad de que rechazar estas cosas es la mayor ofensa que se les puede infligir. Detrás de esto no es difícil adivinar la persistencia de algo que el resto de la humanidad ha perdido por completo: La fraternidad. El sentimiento de que los dones de la naturaleza están para satisfacer las necesidades humanas aún vive en estos grupos étnicos y lo practican; comparten absolutamente todo lo que poseen porque su sentido de la posesión esta muy alejado del nuestro.

Antiguamente, con una flora y una fauna infinitamente más pobladas, el alimento estaba ahí y quien tenía hambre la saciaba. Con tal situación podemos decir sin temor a equivocarnos que en esta época el egoísmo aún no había entrado en la humanidad.

Pero en un momento dado el hombre se separó del animal y las conductas de uno y otro comenzaron a diferenciarse claramente. El cambio empezó con el comienzo de la agricultura. A partir de entonces los animales permanecieron con las características propias de cada especie prácticamente inmutables, adquiriendo algunas nuevas como resultado de lentos procesos de adaptación al medio. Por el contrario, el hombre se adentró en un paulatino y progresivo cambio en el que aún sigue inmerso. Pronto el nomadismo fue incompatible con la nueva forma de vida y las comunidades se asentaron junto a su cultivo modificando su dependencia de la tierra.

La economía seguía basándose en la recolección, pero ya no se vivía de lo que la naturaleza en estado primigenio otorga, sino que se sembraban los campos, se eliminaban las hierbas que quitan fuerza a la cosecha, se llegó a construir canalizaciones de riego... En otras palabras, empezó el proceso económico.

Y el proceso económico desde entonces ha sido fundamental en el proceso social, ha constituido su avanzadilla, su motor. Toda la vida del hombre fue tomando otros derroteros como consecuencia de los cambios que la agricultura incorporó a la sociedad humana.

Una vez formadas, las nuevas comunidades agrícolas tenían que defenderse constantemente de los ataques de los que continuaban siendo nómadas, para los que lo natural era seguir apropiándose de lo que la naturaleza producía, sin entender de siembras o cosechas. Los asentamientos se fortificaron con empalizadas, se construyeron casas sólidas de difícil acceso donde guardar las cosechas, se agruparon las viviendas... Nació así un nuevo concepto de propiedad. El hombre consideró que si transformaba la naturaleza, los frutos que se obtenían le pertenecían. La tierra donde se cosechaba empezó a ser de uso exclusivo de sus ocupantes, quienes conservaron y transmitieron el dominio no sólo sobre la casa, sino sobre la huerta. De esta forma se crearon los primeros núcleos de población. La primera transformación social nació como consecuencia de una necesidad económica y no constituye un caso aislado.

Y hemos de resaltar un hecho curioso; la historia oficial nos relata cómo la agricultura, al igual que las técnicas de fabricación de cerámica u otros avances, surgió por todas partes casi a la vez. No es que unos pueblos aprendieran de otros, sino que toda la humanidad alcanzó de golpe la madurez necesaria para cambiar, salvo esos grupos que permanecieron nómadas, lo cual es lo mismo que decir permanecieron como estaban. De entre los nómadas, no obstante, muchas comunidades cambiaron su forma de vivir, como el caso que se dio en el Antiguo Egipto, constituyendo el punto de arranque de toda una cultura posterior: Los Hiksos, los pueblos pastores, se apoderaron del Imperio Egipcio abandonando el nomadismo y entrando en la corriente civilizadora, a diferencia de otros pueblos, como los mongoles, que invadieron y arrasaron Europa en oleadas que se produjeron hasta bien entrada la edad media, pero se retiraban tras obtener su botín y su modo de vida continuaba siendo el nomadismo.

¿Qué se cultivaba en estos comienzos? Los griegos hablaban de Ceres, la diosa de la Agricultura, que según el mito enseñó a los hombres a trabajar la tierra donándoles las primeras semillas. Este mito se repite en distintas civilizaciones bajo formas que emergen de las diversas culturas, pero el nombre que los griegos dieron a su diosa es altamente significativo. Indica con toda claridad que lo primero que se cultivó fueron los cereales, y podemos corroborarlo a través de los restos hallados en diferentes asentamientos primitivos. Las excavaciones arqueológicas en la ribera del Mediterráneo, así como en otros lugares, han hallado en las necrópolis pequeños envases con cereales. En Canarias se da el curioso fenómeno de que aparecen diferentes cereales según se trate de una u otra isla.

Con el cultivo de estas plantas surge una alimentación concreta, lo que vendrá a desembocar en profundas diferencias dependiendo del cereal sobre el que se asienta la correspondiente cultura. Como ejemplos sobresalientes podemos hablar de una cultura del arroz, otra del maíz y otra del trigo.

Incluso dentro de cada una de estas tres corrientes existen diferentes variedades que coinciden con distintas aptitudes desarrolladas por cada una de estas comunidades. Contemplando la base alimentaria de los distintos pueblos, salta a la vista que los cereales se usaban generalmente tras molerlos y cocerlos. Como resultado se obtenían tortas, panes o masas de similar factura.

¿Da lo mismo comer unas cosas que otras?. La respuesta, basada en la observación de la historia, nos dice que no sólo no es lo mismo comer pan o carne, consumir cereales o no, sino que incluso tampoco ha sido lo mismo mantener dietas constituidas por cereales diferentes o cocinados de distinta manera.

Para ilustrarlo podemos centrarnos en el pan. Es un alimento que presenta una enorme cantidad de variantes, no sólo en cuanto a los componentes utilizados, sino en su elaboración. Posiblemente el pan constituye el caso más extraordinario de influencia de los alimentos. Si lo estudiamos de una forma más amplia, podremos observar la presencia de las características de los cuatro elementos fundamentales de los que hablan las ciencias herméticas: tierra, agua, aire y fuego y a través de dichas características, constatar su presencia.

El fuego podemos aplicarlo directamente o difundiendo el calor a través del agua con lo que el efecto de la llama queda amortiguado. En este caso la cocción se realiza directamente en hornos que aparecen muy tempranamente en determinadas culturas.

En la masa se mezclan harina de cereales, agua y levadura. La levadura es un fermento y como tal actúa provocando cambios con apariencia de movimientos y expandiendo la mezcla, haciendo que desde el interior se genere ese elemento aéreo. La fermentación significa un cambio en las moléculas con desprendimiento de gas, y a la vez la puesta en marcha de un proceso de maduración que culmina después de sacar el alimento del horno.

El elemento tierra es posiblemente el más difícil de entender a primera vista.

Cuando se seca una palmera, o un cactus, basta con mirar sin mucho detenimiento para comprender que lo que queda allí es pura tierra. Otras plantas dejan restos que no se pudren si se les protege de la acción de los elementos, conservando sus características sin desintegrarse y de esta forma utilizamos los troncos, la madera. La madera tiene unas cualidades de dureza y rigidez que recuerda mucho a las estructuras minerales, sobre todo a la de los minerales blandos. No obstante, donde encontramos mayor proporción de elemento tierra es en las raíces, en las que en verdad la tierra y el vegetal carecen de separación efectiva, pasando el agua y los minerales de la una al otro; las plantas nacen del suelo, sin solución de continuidad, de forma semejante a como crecen en nosotros los cabellos. Nuestros cabellos son una prolongación de nuestro cuerpo de la misma manera que las plantas pertenecen a la tierra, pero tanto nuestro pelo como las estructuras vegetales nacen en un medio y crecen en otro, exterior al primero. Ese crecimiento tiene lugar en el aire, en el que encontramos disuelta agua en forma de humedad y calor que se transmite con la luz por lo que en los vegetales, así como en toda sustancia viva, no sólo puede aparecer la tierra, sino también agua, aire y calor, pero en cada planta, o lo que es lo mismo, en cada cereal, estos cuatro componentes están presentes en diferentes proporciones, además de estar presentes en la elaboración del pan..

Veámoslo comparando sus cualidades:

No es lo mismo el arroz creciendo sobre agua, con un grano implantado en un tallo apenas perceptible, que el maíz con su gruesa caña sirviendo de soporte a una mazorca que recuerda al tronco de una palmera, una estructura rígida, impregnada de tierra, donde nacen los granos de maíz. En general las plantas no llevan hasta el fruto lo que el maíz incorpora a la mazorca, sino más bien queda en la raíz y en el tronco. Es como si la tierra trepara por la caña y se asentara en la mazorca, en el fruto. Por el contrario en el arroz la tierra casi no toca la planta; crece en el agua de manera semejante a como otras plantas se asientan dentro de la tierra, y su tallo se dobla bajo el peso del grano maduro en un movimiento curvilíneo que nos recuerda al de las ondas acuáticas, al de un chorro de agua que asciende hasta que, llegado a un punto se dobla describiendo una curva para dirigirse de nuevo hacia abajo; la mazorca del maíz, rígida, seca y maciza nos habla de un componente tierra muy acusado, en la planta del arroz el agua testimonia su predominio. A esto hay que añadir que el agua es el componente más abundante en las plantas. En realidad hablar de lo vegetal, desde el punto de vista de un análisis cuantitativo, es hablar de agua.

Podemos percibir el aire en el movimiento de los finos tallos de algunos vegetales, en su cimbrearse al viento. Si comparamos el tronco de una planta leñosa con el tallo de una herbácea lo primero que surge en nuestro pensamiento es la rigidez de la primera y la flexibilidad de la segunda. El elemento tierra dota de rigidez, el aire de movimiento. Dicho de otra manera, podemos ver cómo tanto la tierra como el aire, en la medida en que predominan, trasladan algo de su estructura y características a los cuerpos o seres en los que asientan.

El fuego, el calor, tiene una cualidad que comparte con la luz: la de irradiar, la de proyectarse hacia el exterior en forma de pequeños haces en un intenso movimiento centrífugo. Ese irradiar se traduce en los cereales en la formación de finas prolongaciones que llamamos barbas: En el pino o el romero, por ejemplo, la existencia de acículas, de hojas delgadísimas tiene que ver con el irradiar del calor y de la luz.

El trigo nace en la tierra, pero apenas incorpora esa tierra a la planta fuera de la raíz, y por otra parte las finas prolongaciones que rodean al fruto nos hablan de un elemento fuego presente con intensidad. El trigo crece literalmente entre la tierra y el fuego, es un perfecto ejemplo de equilibrio en lo vegetal de los cuatro elementos.

Vemos, pues, que usar el maíz equivale a cargar las tintas en lo terrestre, con el arroz hay un desequilibrio hacia lo acuoso y con el trigo usamos un cereal en el que tierra, aire y fuego se presentan con parecida fuerza.

Y no podemos pensar que sólo se deba a la casualidad que el maíz constituya la base de la alimentación en América (donde se han desarrollado con pujanza las fuerzas de la voluntad en el norte; América vive para el futuro y sus habitantes lo sienten así), el arroz en Oriente, en Asia (donde se vive con la mirada puesta en el pasado, en el mundo espiritual al que las culturas asiáticas sienten como su pasado), y el trigo en Europa (en la que han confluido ambos impulsos originando la civilización que ha llevado el peso de la historia presente desde hace varios siglos).

Continuando con la elaboración del pan, en la que se puede considerar que los cereales representan al elemento tierra, aunque a su vez en ellos pueda ésta predominar o no, encontramos un segundo elemento que se añade a la harina y posiblemente nadie se extrañe si se afirma que se está incorporando el factor generador de vida: el agua. Pueden faltar otros, pero el agua siempre está presente en la mezcla.

El siguiente paso consiste en añadir otro de los cuatro elementos primordiales: El aire, que viene en forma de fermento o levadura. Así como el agua está presente en la base alimentaria de todos los países y la tierra lo hace en casi todos, bajo diferentes formas, el aire desaparece en bastantes casos.

¿Qué podemos pensar que incorpora el aire? Tal vez sea muy ilustrativo ver ejemplos concretos en los que desaparece la levadura del pan y productos afines.

Cuando los israelitas se aprestaban a abandonar Egipto recibieron el mandato de Yahvé de ingerir pan ázimo y verduras amargas mientras esperaban el paso del ángel exterminador con las jambas de sus puertas untadas con sangre de cordero (La sangre, para muchos tiene que ver con el espíritu y el cordero es símbolo del Cristo, quien a su vez se denomina a sí mismo como Yo, como Espíritu individual). En realidad asistimos a al expansión del Monoteismo, con una renovación social tan profunda que en las Escrituras se alude a que ninguno de los que salieron de Egipto llegó a la Tierra Prometida, y el Éxodo nos lo relata con todo lujo de símbolos y detalles. El pueblo de Israel sufrió una transformación en los cuarenta años de peregrinación por el desierto expuesto a las inclemencias de los elementos, una transformación que puede considerarse una purificación. Para ello, en el pan consumido en la cena que precedió a la partida, todo el pueblo prescindió del aire, de su relación anterior con los mundos espirituales. El peregrinaje por el desierto significó la salida de un mundo y la entrada en otro, la terminación de una relación de dependencia y sometimiento a la autoridad del hombre respecto al Dios Yahvé, y la preparación de una relación de hermandad con el Cristo. Se pasaba de la Ley del Talión al nuevo mandamiento (amaos los unos a los otros). Se dejaba un mundo en el que se vivía pendiente de lo que dictaban los cielos para entrar definitivamente en la tierra, la que según las bienaventuranzas será herencia de los mansos. Para conseguirlo habían de dejarse atrás las viejas creencias, los antiguos símbolos y adentrarse en el futuro libres de equipaje.

Otro ejemplo claro lo podemos encontrar en el pueblo árabe, que con su pan sin levadura desarrolló una cultura que fue el germen de la técnica actual. Durante la oscuridad de la Edad

Media, en una época de analfabetismo, primitivismo y miseria en que se lanzaban las aguas fecales a la calle por la ventana, se dormía en un jergón común de paja y el agua no se usaba ni para beber; en los siglos en que sólo hubo algo de progreso en la cultura Carolingia, los árabes poseían conocimientos amplios de física, matemáticas e ingeniería, cultivaban la poesía y la música y disponían de alcantarillado. Mientras Europa perdía su cultura a raíz de la invasión bárbara y recomenzaba trabajosamente todo el proceso, con el cambio profundo que significó el nuevo impulso del cristianismo; mientras Europa aterrizaba de nuevo sobre la tierra, los árabes desarrollaron una forma inteligente pero lúdica, despertando todos las capacidades de goce físico, incluso con un paraíso en el que el sexo era la estrella. En suma, una cultura intensamente afincada en la materia. El impulso civilizador árabe se plasmó alejándose del mundo espiritual, sin elemento aire.

En Oriente no encontramos pan, sino arroz hervido, o lo que es lo mismo, agua, en ausencia de tierra, con el elemento fuego amortiguado y un ligero tinte de aire (que se evapora al hervir). Si pensamos en el arroz, habría que tener en cuenta las relaciones de la humanidad con el elemento agua. El fluctuar de las mareas, lo que vive en los líquidos corporales, lo que mantiene y transmite la vida, está en profunda relación con el elemento femenino. Y a través de este elemento femenino se transmite lo tradicional, lo que viene de antiguo, de generación en generación. Lo nuevo entra cuando el fuego, lo masculino, transmuta lo antiguo, lo reduce a cenizas como el ave Fénix, abriendo un hueco para que eso nuevo pueda empezar a desarrollarse. Oriente, con una alimentación basada en el agua, vive en las tradiciones que por educación y por herencia genética se conservan del pasado espiritual de la humanidad.

Unas pocas palabras sobre el fuego: Es el símbolo de la transformación y del cambio, de lo que la individualidad humana realiza como acto. Hay quien considera que la evolución parte del control y conocimiento de las leyes del fuego. Seguramente tienen razón, y lo que convendría clarificar es que el fuego, así como la agricultura ratifica que la evolución no es casual, sino consecuencia de actos nacidos de la individualidad humana. Cada paso que un hombre da sobre la tierra tendrá efectos posteriores, y la evolución se ha ido gestando paso a paso.

Los componentes del pan se unieron a lo largo de muchos siglos mediante un factor de considerable importancia: el trabajo humano. Hoy en día, cuando ya no es tan importante el pan en el proceso de la evolución, porque han aparecido otros impulsos, curiosamente el trabajo humano ha sido sustituido por el trabajo de la máquina. Sin embargo, la máquina no ha sustituido al hombre en todos los campos de la alimentación, manteniéndose en él una gran cantidad de trabajo humano.

La industria se gesta cuando el hombre modifica con su trabajo las condiciones en que la naturaleza presenta sus productos, de lo que la fabricación de pan es el primer hecho concreto, si bien es verdad que primero aparece en producciones pequeñas, con elaboración absolutamente manual, en forma de artesanía. El trabajo humano ha producido una gradual transformación del planeta, hasta el punto de que hoy parece que lo hemos convertido en un sustrato casi inhabitable. Ese trabajo es lo que pone en marcha el proceso económico, dotando de valor a las mercancías que genera. Cuando pasamos por un castaño que la naturaleza ha hecho crecer al borde de un sendero podemos recoger los frutos que produce y llevarlos al mercado o bien continuar nuestro camino. En el primer caso hemos convertido las castañas en mercancías por el hecho de recogerlas y transportarlas; en el segundo, las castañas podrán convertirse en semillas de nuevos árboles o servir de alimento a animales salvajes, pero carecerán de valor desde el punto de vista económico.

Junto al trabajo humano, como elemento añadido a los cuatro primordiales, se incorpora sal a la mezcla. La sal tiene que ver con los procesos que en ella predominan, los de cristalización, de creación de nuevas formas; concretamente con aquellos en que interviene el pensamiento. La prueba de esta afirmación podemos encontrarla en el hecho de que, en un gran número de casos, las personas que en estos tiempos han suprimido la sal de sus dietas, sin que ello venga motivado por problemas de salud, son también aquellas que se integran en movimientos alternativos en los que se busca prescindir de los avances técnicos actuales y volver a una situación de pleno contacto con la naturaleza, una vida apoyada en sentimientos y no en pensamientos, que no pretende transformar, sino rechazar la complejidad del problema social para volver al pasado, a formas más sencillas propias de civilizaciones anteriores. Con ello no se intenta pontificar sobre cuestiones morales, porque posiblemente nadie pude decir qué camino ha de recorrer otro ser humano; sólo constatar un hecho.

Además hay una estrecha vinculación con una situación muy especial que no debe dejarse atrás: aquella que se relaciona con la incorporación del espíritu en los cuerpos humanos, el proceso de encarnación. El rito católico realiza un gesto muy conocido, pero poco comprendido: el bautismo. El bautismo como se realiza actualmente es una mezcla de otros ritos anteriores. Por una parte es importante saber que el actual derramar agua sobre la cabeza es un símbolo del bautismo que realizaba Juan el Bautista en Judea: el bautismo por inmersión. Se sumergía a los neófitos, adultos, en el agua de un río para que la ligera asfixia produjera un contacto más estrecho con la divinidad. Por otra, la sal se aplicaba a los recién nacidos para procurar que su alma y su espíritu «entraran» totalmente en el cuerpo, tras el difícil trance del parto. En la cultura materialista de hoy estos hechos resultan ridículos y absolutamente extravagantes, pero el conocimiento de las cualidades de la sal era algo totalmente normal hasta la época de los alquimistas, de los estudiosos de la Edad Media. Ellos buscaban transformar aplicando dos métodos contrapuestos, el *solve* y el *coagula.* Disolver significa añadir agua; coagular es sinónimo de solidificar, de lo que en Ciencias Naturales se conoce como cristalización. Esa cristalización es la característica fundamental de lo que en ocultismo se denomina procesos salinos, pero podemos apreciarlo nítidamente en lo que ocurre en la obtención de sal a partir del agua de mar. En la medida en que desaparece el agua por evaporación se produce la aparición de cristales de sal.

Faltaríamos al rigor si omitiéramos un caso que no sigue estas reglas pero que se repite con la suficiente frecuencia como para llamar la atención; se trata de aquellos pueblos que han sustituido la harina de cereal por harinas de otras familias. Cuando una comunidad indígena usa mandioca o harinas de otros arbustos, ¿Es porque ha permanecido aislada y al no desarrollarse no ha tenido acceso al pan o que no han tenido pan porque no pasaron de la etapa recolectora a la agricultora, y la carencia de pan ha frenado su desarrollo?. Es importante tener en cuenta que estas comunidades, sistemáticamente, son razas humanas aisladas, etnias que han permanecido en ese estado que la civilización denomina salvaje en el interior de África, Australia o América del Sur. Podemos también contemplarlo de esta manera: Las tribus salvajes, en su totalidad, desconocen el pan. Sólo los pueblos que en uno u otro momento han estado integrados en las sucesivas culturas humanas conocen su elaboración.

Para terminar con la alimentación, se podría tratar lo descrito hasta ahora de la siguiente forma: La evolución sobre la tierra se realiza, en un principio, impulsada por motivos exteriores al ser humano que actúan sobre él, como puede ser el alimento diario o la defensa de ataques de terceros, pero llega un momento en que se produce una inversión, y lo externo se torna interno. Empieza a aparecer una fuerza interior que desbanca a los impulsos exteriores, una fuerza que podemos encontrar por primera vez en los acontecimientos de Palestina, donde, en la ciudad de Belén cuyo nombre significa en arameo «Ciudad o cueva de pan», nace un ser que puede ser portador de un Yo, una individualidad que realiza la transmutación alquímica, convirtiendo a la materia en portadora del espíritu. Y desde entonces, cada hombre puede realizar en sí mismo esa transformación. Ya no somos seres cuya razón de existir permanece en el mundo espiritual, ajena a ellos, sino individualidades que pueden tomar en sus manos la propia evolución. Y esa Individualidad de Palestina, al referirse a sí misma, dice: «Yo soy el pan de vida»

II
La economía de trueque

Cuando los agricultores se hicieron fuertes en sus emplazamientos y los recolectores fueron repelidos, se empezaron a diferenciar dos actividades que a lo largo de la historia han mantenido continuos enfrentamientos: los sedentarios desarrollaron la agricultura y los nómadas la ganadería y la caza. Así, los rebaños exigían amplios movimientos en busca de pastos y los agricultores sólo podían mantener algunos animales con el producto de sus huertos. La agricultura se extendió, relativamente hablando, como un relámpago sobre la superficie de la tierra y poco a poco comenzó a haber ligeros «excedentes» de productos cultivados. Tener más de lo estrictamente necesario hace que el hombre no se vea obligado a dedicar tanto tiempo a la obtención de alimentos y pueda ocuparse en otros menesteres. Al disponer de tiempo libre nació la posibilidad de investigar, de buscar nuevos cauces de actuación en otros campos para mejorar progresivamente la calidad de vida, pero además de eso el hombre empezó entonces a estudiar lo que le rodeaba, adentrándose cada vez más en un conocimiento del mundo basado en la observación; nacieron las culturas desarrollando técnicas de aleación y forja de metales, cerámica, tejidos, e incluso magníficas obras de ingeniería. Los antiguos Persas fueron los primeros en aplicar sus conocimientos de un modo que se podría denominar «Técnico» aunque dista mucho de la forma actual, pero es indudable que existía una gran diferencia entre sus canalizaciones o la construcción de «terrazas» que permitían el riego con mucho menos esfuerzo y otras formas de cultivo de la misma época.

Con el tiempo, estos productos que sobraban se empezaron a cambiar por otras cosas y así surgió lentamente la sociedad de trueque; nació el comercio. Los intercambios primero se limitaron al ámbito de la aldea, pero poco a poco se amplió el campo de acción y podemos decir que estamos ante hombres que comienzan una actividad nueva por completo: llevar de un asentamiento a otro diferentes frutos cultivados en la tierra, así como minerales extraídos de ella o tejidos. Los cambiaban al agricultor y los transportaban a otro lugar, donde los trocaban por otros. Cuando se realiza una actividad así, no es necesario vivir junto al trozo de tierra donde se cultiva, aunque se sigue dependiendo de lo que se obtiene de esa tierra.

Un campo arado exigía de los hombres que vivían de él su diario volver a la tierra, consumiéndose los productos por quien los obtenía, pero después de que surgiera el comercio llegaron a manos de quienes vivían en otros lugares, más o menos próximos. Con el comercio se da el segundo gran paso de la historia económica y de él derivan múltiples actividades para satisfacer nuevas necesidades, tales como el dinero, el mercado, los transportes... etc. Cada vez que el espíritu humano hace un nuevo descubrimiento de la categoría de la agricultura o el comercio, la historia de la humanidad experimenta cambios vigorosos y profundos que, si se estudian atentamente, será imposible considerar que son debidos a la casualidad, siendo más propio hablar de causalidad: La causa de los cambios hemos de buscarla en la actividad que el espíritu humano despliega sobre la tierra, conformando paso a paso el proceso económico y el proceso histórico en general, fuérase o no consciente de ello.

Nos habíamos quedado en una sociedad en la que empieza el comercio, y lo hace intercambiando unos productos por otros; como se desprende de lo dicho hasta ahora, se consideraba propiedad aquello a lo que el trabajo humano había dotado de valor, porque durante la Prehistoria las luchas se derivaban precisamente de la defensa de lo que era fruto del trabajo. Para el hombre primitivo el valor de los productos agrarios era obvio ya que de ellos dependía su supervivencia, pero también representaban el fruto temprano de un proceso en el que aún estamos inmersos, de la mayor conquista humana: el dominio de la naturaleza.

En los trueques cambiaban de dueño mercancías que había costado distinto grado de esfuerzo conseguir o transportar, lo que hacía que sus valores se consideraran diferentes, por lo que se buscó un patrón para esos valores, un producto que fuera deseado por todos y pudiera cumplir esta función. Para la actividad de intercambio comercial, la humanidad necesitaba una mercancía pequeña, fácil de transportar, valiosa... En principio, desde un punto de vista puramente práctico era indiferente qué mercancía se utilizara como patrón para el intercambio, o lo que es lo mismo, qué mercancía se convirtiera en dinero...

Rudolf Steiner, cuando describe las cualidades que han de aparecer en el dinero, propone imaginar cómo habría sido la sociedad de trueque si se hubiese utilizado como moneda una mercancía de las características de las judías verdes, perecedera, de poco peso y difícil de transportar, propia sólo de algunas estaciones... Esto habría significado el caos, habría resultado inviable. Posiblemente, con cualquier otra mercancía usada como moneda no se habría producido un proceso evolutivo del corte del que ha tenido lugar.

¿Cómo se llegó a elegir este patrón como medio de intercambio? Visto desde este tiempo materialista, la elección parece obvia y de una lógica aplastante, aunque como dejan de relieve todos los testimonios históricos y arqueológicos los hombres de aquellas épocas desarrollaron una alta espiritualidad, por lo que es fácil sospechar que los motivos que hoy encontramos lógicos, nada tengan que ver con los que vivían entonces en las almas humanas.

El dinero fue un elemento que se extrajo del trasiego de las mercancías, usándose a la vez como patrón y como símbolo, como valor económico y como prueba palpable del trasfondo de valor espiritual presente en dicho valor económico. Los escritos más antiguos y las tradiciones orales nos hablan de que la humanidad de entonces consideraba que tras todo acto hay un espíritu que lo genera, se pensaba, se estaba seguro de la existencia de un alma de la tierra, de espíritus que regían o colaboraban en los diarios quehaceres humanos.

Esto se fue olvidando con el paso del tiempo. El alma humana se transformó paulatinamente mientras transformaba el mundo con su actividad en él, y a causa de dicha transformación llegó un momento en que se produjo el olvido del trasfondo espiritual de la realidad cotidiana. Este momento es muy fácil de señalar:

La gran inflación que en el siglo tercero del pasado milenio acabó con el Imperio Romano, se originó en el aumento de peso del denario que tuvo lugar cuando Calígula ordenó acuñarlo incorporándole una pequeña cantidad de plomo. No olvidemos que Calígula gobernó inmediatamente después del hecho del Gólgota, o sea, en la época en que los hombres, desde su interior y no como consecuencia de motivos exteriores, empezaban a influir en la historia, lo que también puede exponerse de la siguiente manera: Cuando los hombres dejaron de recibir los impulsos para sus vidas exclusivamente desde lo exterior y empezaron a desarrollar su pensamiento propio, su voluntad y sentimiento propios, la vivencia del tejido espiritual del mundo se perdió, la consciencia del trasfondo espiritual del mundo se empañó con la otra que provenía del interior humano. A partir de entonces, del exterior sólo se pudo percibir la forma, la mera apariencia que podemos captar con nuestros sentidos. Algunos iniciados, en cambio, sí que sabían del trasfondo espiritual, y Calígula muestra una extraordinaria destreza en destruir dicha evolución, pero indudablemente sus vasallos no tenían esa cualidad.

En Roma se pensó como es habitual hacerlo actualmente; se habían vaciado las arcas y se necesitaba oro para mantener a los soldados que habían de defender las vastas y maltrechas fronteras del Imperio. ¿Solución? Un engaño. Bajo la apariencia de oro de las monedas se escondía una parte de plomo. El denario aparentemente era igual, pero el hecho cierto es que había variado su peso y su composición, por lo que para el proceso económico no era en absoluto lo mismo; de acuerdo con las leyes que rigen los actos, la reacción inmediata e inesperada se tradujo en una fulminante pérdida de valor del dinero. La reacción se produjo de forma automática ante el falso valor de la moneda y el valor adquisitivo se acopló al valor real de esta. A lo largo de la historia eso ha venido sucediendo tantas veces que resulta incomprensible que no lo consideremos como una de las leyes fundamentales de la economía: «Introducción de valor falso = inflación».

Se introduce un valor falso, por ejemplo, cuando se falsifica moneda y se pone en circulación, o cuando se le da valor a la tierra invirtiendo capital en ella para especular, porque la tierra de por sí no tiene valor ya que lo que dota de valor a las cosas es el trabajo del hombre al transformarlas en aptas para el mercado, en mercancías.

Esa es la diferencia entre el petróleo del Mar del Norte y el que pueda hallarse a varios miles de metros de profundidad, o incluso bajo la superficie de la Antártida, por ejemplo. El primero constituye un valor económico; en cambio el que no puede extraerse carece por completo de valor. La misma diferencia la encontramos entre las Orquídeas de la selva ecuatoriana y las que adquirimos a cualquier florista. Para el proceso económico aparece el valor cuando el trabajo humano transforma los dones de la naturaleza, aunque ese valor pueda modificarse posteriormente por otros factores, como el exceso o la escasez de producción.

Casi todos los problemas económicos actuales se derivan de la existencia de los citados valores falsos.

La moneda mantuvo durante bastante tiempo un mismo valor, a diferencia de las mercancías, que se deterioraban y devaluaban con el transcurso del tiempo. Además, a diferencia de nuestros billetes actuales, la plata y el oro tenían valor en sí mismos, por lo que dos monedas con la misma cantidad de oro eran equivalentes, independientemente de que se hubieran acuñado en Roma o en Asia Menor. La moneda, mientras se usó como medio de intercambio para obtener mercancías, que constituían el fin del proceso económico, se mantuvo estable y en realidad los hombres pudieron comprar durante siglos la misma cantidad de mercancías con el mismo dinero; el cambio apareció cuando comenzó a ser codiciada en función de su propio valor, siendo considerada un valor estable que permitía ser atesorado, a raíz de lo cual el objetivo de la economía cambió, la actividad de los hombres se empezó a encaminar hacia la obtención de dinero en sustitución de la hasta entonces perseguida obtención de mercancías. En ese momento empezó a perder paulatinamente su carácter de medio y a comportarse como un fin y como cualquier fin económico, como cualquier mercancía terminó devaluándose, lo cual ha continuado ocurriendo hasta hoy en día.

Si pensamos en lo expuesto hasta ahora, el único fin del proceso económico no puede ser otro que satisfacer las necesidades humanas, pero pronto los hombres se sintieron más seguros con los graneros llenos; usaron el proceso económico para atesorar, para acumular riqueza en vez de hacerla circular como hasta entonces y variaron la índole del proceso. En las civilizaciones que se desarrollaron a lo largo del Mediterráneo, en estrecho contacto con la Fenicia, los templos se volvieron inmensos graneros que prueban la insaciabilidad, la necesidad compulsiva de atesorar.

Es como si se pensara que nuestra digestión será mejor si constantemente ingerimos alimentos. Un cierto acúmulo de grasa es necesario, pero sustituir comer para mantener la salud por comer como fin en sí mismo, además de dificultar enormemente la digestión, provoca un aumento de la grasa que resulta patológico. Esta finalidad de satisfacer las necesidades primero y de conseguir reservas de mercancías más tarde, era la característica de la sociedad de trueque en la que muy pocos valoraban las monedas, e incluso de hecho eran muy pocos los que tenían acceso a ellas, y cuando lo tenían, se limitaba al cobre y a lo más alguna moneda de plata.

¿Y el oro? Para empezar, la relación con el oro nació al considerarlo como un símbolo de la sabiduría y de la consciencia cósmicas. Era la ofrenda usada en todas las religiones que tenían que ver con el Sol; era el símbolo del Sol. Los templos en Egipto y las tumbas de los faraones estaban repletos de oro, como ofrenda a los dioses y al Dios viviente (El faraón). Para el proceso económico se usaba la plata, símbolo de la sabiduría lunar, considerada reflejo de la solar. Esto recuerda al mito de la caverna de Platón: « Lo que tenemos en la tierra es sólo el reflejo de lo que acontece en los cielos» o la frase del Kibalión: «Lo que es arriba es abajo, pero de distinta manera».

Acompañando a la plata encontramos al cobre, metal cuyas características se han asociado desde la noche de los tiempos con la fecundidad, con Venus.

La ambición, que había empezado por cambiar la actitud del hombre ante las mercancías, dejándolas de considerar un medio para satisfacer las necesidades y convirtiéndolas en fin, continuó impulsándole a atesorar. Ya no bastaba con la riqueza, ahora se quiso tener lo reservado a los dioses y se empezó a ambicionar el oro. Se acuñaron monedas de este metal y se les dio un valor infinitamente mayor que el atribuido al siclo, la moneda de plata más extendida..

En múltiples escuelas esotéricas se piensa que la plata, la Luna y la sabiduría tienen que ver con el pasado; el cobre, el planeta Venus y la fecundidad con el futuro; el oro, el Sol y la consciencia con el presente. Con estos tres metales los antiguos habitantes del planeta establecieron un orden de cosas donde prevalecía el equilibrio de las esferas, un reflejo de la Trinidad: el orden de cosas que creó los mundos.

Continuando el desarrollo de esta línea de pensamiento, también el hombre es un reflejo de la trinidad, encontrando por doquiera esta composición ternaria: Pensar, sentir y voluntad son las llamadas potencias o facultades del alma, cabeza tronco y extremidades, las partes del cuerpo, espíritu, alma y cuerpo, los elementos constitutivos del hombre.

Volvamos al asunto: Cuando, en esa fiebre del oro, Roma quiso aumentar su caudal económico (sin aumentar la cantidad de oro circulante) acuñando monedas con una ligera cantidad de plomo, con un nuevo metal, apareció un comportamiento también nuevo en el dinero: se devaluó.

Las legiones romanas recibieron su soldada con estos denarios adulterados que se extendieron por todo el Imperio a la velocidad del rayo. En 30 años la inflación acabó con la posibilidad de mantener las legiones con lo que las fronteras quedaron sin defensa y de esa forma pudieron entrar los bárbaros.

Es fácil relatar hechos como éstos, pero ¿Qué leyes hay detrás, qué causa verdaderamente tales fenómenos? Tendríamos que considerar la naturaleza, la esencia de los actos y metales que estamos estudiando. En primer lugar, volvemos a tropezarnos con símbolos de los cuatro elementos de las ciencias herméticas; oro, plata, cobre y plomo son imágenes de fuego, agua, aire y tierra, respectivamente y desde un punto de vista que no se quede en lo puramente exterior, en lo que nuestros sentidos captan, podríamos pensar que el oro del dinero mantuvo una cierta cualidad divina mientras fue usado como medio, pero al mezclarse con el plomo se «atrajo» de alguna manera a ese dinero hacia la tierra y sobre él tuvieron influencia las fuerzas que actúan en lo material. Se pasó de lo «divino» a lo «mortal», a lo humano. Se había introducido plomo, pesantez, lo que tiene que ver con el planeta Tierra.

La relación de los metales con el proceso social y económico ha variado a lo largo de la historia, haciéndose progresivamente más compleja. En un primer momento en Persia encontramos como moneda dos metales, la plata y el cobre, paralelamente a la existencia de una religión claramente dualista: El Mazdeismo, en el que Ormuz, señor de la luz y Ahriman, señor de la oscuridad, actúan como polos opuestos. El siguiente paso surge cuando el oro se incorpora a la circulación monetaria coincidiendo con la cultura egipcia, aunque su difusión masiva se realizó al florecer las culturas mediterráneas. El pueblo egipcio pasó del antiguo monoteismo a un elenco formidable de dioses, pero la clase sacerdotal y los faraones, mientras se mantuvieron vivos los Misterios, hablaban de un Dios Sol primordial, semejante al Zeus griego, que dirigía los destinos de los cielos y la tierra. Lo que es completamente nuevo es el mito de Osiris-Isis-Horus. Osiris, hijo del Dios solar, fue asesinado por su hermano Set; Isis, la esposa-hermana de Osiris, buscó por la tierra los restos diseminados por Set, los que, una vez juntos obraron el prodigio de volver a la vida. Este nuevo ser, hijo de Isis y Osiris, representa la continuación sobre la tierra de la actividad de ambos. Aparece esta trilogía de dioses en la misma época en que la humanidad usa tres símbolos como moneda: oro, plata y cobre. Hasta aquí, la progresiva complejidad enriquece la vida humana, pudiéndose asimilar la presencia de nuevos elementos sin mayores problemas. Pero el plomo significó una ruptura con lo anterior, el germen de lo que más tarde desembocaría en el materialismo feroz que hoy conocemos. Este corte brusco con una estructura ternaria, en vez de conducir a la aparición de formas con cuatro componentes retrotrae de nuevo a un dualismo en el que los opuestos se enfrentan con mucho más vigor que en la época persa. Los últimos actos de este drama, los actuales se pueden describir diciendo que lo masculino y lo femenino ya no se complementan, sino que establecen una pugna por el dominio del otro sexo que conocemos como machismo y feminismo; lo espiritual y lo físico parecen cerrarse las puertas mutuamente, no pudiendo encontrar forma de compartir, de dar al Cesar y a Dios lo que es de cada uno; el bien y el mal se atrincheran en su lucha feroz, que al final les lleva a parecerse tanto que para un espectador imparcial apenas si existe diferencia entre ambos... La contrapartida de esta inmersión aparentemente retrógrada en el dualismo, el aspecto beneficioso de no pasar tan pronto a una cultura y una estructura social ternaria es el desarrollo del pensamiento analítico. Con tres formas para una cualidad es más difícil hacerse una idea clara de ella; siempre que hay demasiados matices nos perdemos en el análisis, y de esta manera, con el mantenimiento del dualismo aparentemente fuera de la época en que debió vivirse, la humanidad entró en el análisis intelectual.

Por el contrario, las derivaciones negativas de esta situación nos han afectado en alguna ocasión a cada uno de nosotros: Desde mediados del siglo pasado proliferan por todas partes tendencias encaminadas a ocuparnos únicamente de lo que tenemos ante nuestros sentidos y podemos *palpar* con ellos, lo que viene a ser la forma de entrar en lo que se considera la realidad en estos tiempos, una realidad a medias ya que es completamente ignorante de la realidad espiritual o suprasensible. De estas tendencias, unas quieren enlazar el presente sólo con el futuro a través de la materia (la técnica) y otras, como reacción se van al extremo opuesto, haciéndolo únicamente con el pasado, como hace la sicología adentrándose exclusivamente en el estudio del pasado de la interioridad humana. Pasado, presente y futuro son los tres aspectos del tiempo, pero la entrada en la tierra de la que se viene hablando se manifiesta con la aparición del dualismo, enfrentando el bien y el mal, la luz y la oscuridad, el pasado y el futuro, el cielo y la tierra. En numerología el elemento tierra se expresa, por cierto, con el número dos.

Y al entrar en la materia, en el plomo, la actitud de toda la humanidad experimentó lenta y progresivamente un profundo cambio: se empezó a pensar en lo palpable como única realidad, lo que ha venido sucediendo principalmente en el terreno económico pero inexorablemente ha invadido las demás áreas: La ley, la moral, la ciencia... Se rompe la idea de la Trinidad hasta dentro de la Iglesia Católica, que en el siglo IX, durante el pontificado de Nicolás I, deja de considerar al hombre triformado por cuerpo, alma y espíritu y se le declara constituido por cuerpo y alma. Desde entonces la Iglesia pierde la visión del futuro y explica nuestro paso presente por la Tierra fundándolo en la evolución que significó en el pasado la encarnación del Cristo, pero borra toda posibilidad posterior de evolución. Para esta institución que, curiosamente, ha establecido su sede en Roma, el único Espíritu reside fuera del hombre. A ese Espíritu sí se le concede una composición trinitaria. El hombre, tanto para la Iglesia como para los cuerpos de doctrina que rigen desde siglos la vida filosófica, esotérica, religiosa y social, es universalmente considerado un ente cuya razón se ser reside en el Dios, en la Sociedad, en la Ciencia o en cualquier otra cosa antes que aceptarlo como una individualidad integrada por pensamiento, sentimiento y voluntad, por espíritu, alma y cuerpo, capaz de asir las riendas del propio desarrollo y capaz por sí mismo de configurar su futuro. En suma, se le educa, programa, castra, y conduce de todas las formas imaginables a la convicción de que puede captar con el sentimiento (aunque ese sentimiento sea una mera sensación) y actuar con la voluntad, con esa voluntad que vive en el intelectualismo, por lo que también se le adiestra para que desarrolle un pensamiento dual, propio de la cibernética y la informática, pero se elimina de su conciencia la posibilidad de un pensamiento libre y creativo, de un sentimiento que surja de la correcta relación con otros hombres. Se le aísla y se le programa. Se elimina de su vida la libertad. Las modernas técnicas conductistas erizarían el vello del más flemático, pero se procura que las conozcan sólo los *conductores*, los políticos, empresarios, líderes religiosos y personajes de rango semejante.

Y sin embargo, la realidad nos demuestra constantemente que el hombre, durante su evolución sobre la Tierra, ha avanzado desde un estado en que la revelación de los mundos superiores fluía hacia él, impregnándole de la aúrica consciencia del Cosmos, a otro en que tendrá que conquistar su propia consciencia desde la individualidad, desde la oscuridad del plomo que ha de iluminar con su propio pensar.

Y al igual que en el caso del pan, a partir de un cierto momento, en el dinero aparecen representados los cuatro elementos fundamentales: fuego, aire, agua y tierra, en los metales oro, plata, cobre y plomo.

Roma hace algo más que sumergir en la tierra el proceso económico; toda acción tiene dos caras y la segunda faceta de la civilización romana consiste en independizar lo económico de las otras esferas de actividad del organismo social: Ciencia como conocimiento y ley como regulación de la vida de los hombres unos con otros.

Nace el Derecho Romano, con lo que las leyes de los dioses ya no se aplican en las herencias, en los impuestos... se aplican las jóvenes reglas humanas.

Roma libera, pues, al proceso económico de las cadenas religiosas al someterlo a nuevas leyes, a leyes creadas por los hombres.

La actividad desarrollada libremente y de una nueva manera irrumpe en la vida con gran vigor. El dinero adquiere tal preponderancia que puede rescatar de la esclavitud gracias a lo cual por primera vez en la historia la libertad puede obtenerse a través del dinero, lo cual perdura hasta nuestros días (El dinero, en la medida en que con él cubrimos nuestras necesidades, nos hace libres), y no se queda ahí: se puede comprar la ciudadanía romana, con lo que no sólo se compra el derecho a la libertad, sino a la igualdad, superando las diferencias raciales que hasta la civilización inmediatamente anterior, Grecia, venían ligadas a la sangre. En Grecia existía la Democracia sólo entre los arios, los hombres libres y pertenecientes a los estratos sociales altos; los demás no llegaban a ostentar categoría humana pero podemos ver muchos más pueblos en los que los derechos estaban ligados a la sangre... todos conocemos el sistema de castas de la India, aún más antiguo, en el que se estableció un rígido orden que nada tenía que ver con las capacidades individuales, sino que venía predestinado por lo que se recibe en herencia de la familia, y no por lo que el individuo es capaz de hacer por sí mismo.

Y en Roma se entiende de una nueva forma lo que es un mercado; no sólo se compra y vende con el dinero, sino que puede prestarse con lo que nace la actividad bancaria; este dinero es el instrumento de pago a los soldados posibilitando la aparición del ejército como institución; se convierte en contraprestación para acceder a cargos públicos y un sin fin de etcs...

Grecia piensa; Roma actúa.

A partir de ahí, van apareciendo nuevas formas económicas que «tiran» del proceso social, al no estar sometidas a la férrea disciplina religiosa. Este avance de lo económico no va seguido de innovaciones en el pensamiento, en la comprensión de la realidad, por lo que no podemos expresar dicha realidad al elaborar las leyes y éstas se han quedado rezagadas. Así como el proceso económico ha buscado nuevos cauces y ha experimentado cambios muy profundos, el Derecho actual está enclaustrado dentro de las formas romanas y no es capaz de regir adecuadamente las relaciones entre los hombres dentro de la moderna vida económica. No tiene nada de particular el abundante uso del latín en la jerga legal; expresa la parálisis legislativa a la altura del Derecho Romano, porque si bien es verdad que actualmente existen figuras como el Derecho Administrativo, Laboral, Financiero, e incluso Constitucional, hemos de convenir que los mecanismos son exactamente los mismos que ya usaba Roma, ligeramente modificados para aplicarlos a estructuras completamente diferentes que requerirían conceptos, principios fundamentales, fuentes, y procedimientos diferentes.

III

El tránsito hacia el monetarismo

Todo el avance logrado por Roma se frena bruscamente con la invasión de los bárbaros, un pueblo que había detenido su evolución en la fase de economía natural.

Tras la invasión, durante un tiempo Europa sufrió una especie de «recesión» cultural y poco a poco, a costa de grandes esfuerzos, se recorrió de nuevo el camino desde la prehistoria hasta la situación grecorromana de antes de la conquista, ahora con un elemento nuevo, con la presencia del acontecimiento del Gólgota, aunque la mayoría de los hombres que vivían sobre la tierra en esa época ignoraran no sólo la importancia, sino la existencia de este hecho.

El Gólgota tuvo lugar cuando Roma había empezado a desarrollar una relación con el dinero completamente nueva en la historia. Se buscaba el dinero en sí mismo, el dinero como fin. Si el proceso hubiera continuado, si no hubiese irrumpido la invasión de los bárbaros en la cultura de la época, la humanidad se habría sumergido profundamente en la materialidad, en lo que se expresa en las fuerzas del interior de la materia. La ciencia actual conoce bastante de esas fuerzas *capturadas* en el interior de la materia y las estudia en lo que se denomina física nuclear, física de partículas, energía atómica... etc... El devenir de la historia habría sido completamente distinto si Roma hubiese permanecido inmersa en un proceso socioeconómico como el actual, pero habiendo desarrollado muchas menos capacidades de las que posee la civilización de nuestra época en la que cada cual busca tener más a costa de lo que sea, en la que el egoísmo es la fuente de inspiración para todo acto humano que tenga que ver con la transformación de la tierra por el hombre, en la que la búsqueda de placer sustituye a toda actividad espiritual, en la que ESTAR (o, como se le llama hoy en día, bienestar) y TENER absorben toda la capacidad humana, lo que se traduce en la anulación del SER. Las fuerzas del «ser», que moderan a las fuerzas del «tener» y del «estar» son precisamente las fuerzas solares, cósmicas, las que llegaron con el Ser Solar, el Cristo, consistentes en impulsos que se encaminan hacia el desarrollo de la consciencia, la comprensión y una progresiva claridad de pensamiento. Todo ello constituye unas bases imprescindibles para la existencia del amor que como seres pensantes podemos llegar a experimentar. Si el proceso actual hubiese ocurrido en la época de Roma, habría sobrevenido una especie de degeneración, una esclerosis imparable, porque no existían sobre la Tierra las fuerzas que pudieran frenarlo.

De esta forma los hombres que hoy quieran dirigir sus esfuerzos hacia el espíritu encuentran la posibilidad de hacerlo, sin que lo que vive en la materia les obligue a encaminarse en otra dirección, pero durante el Imperio Romano aún no se habían desarrollado lo suficiente las fuerzas de la consciencia que parten de la individualidad por lo que lo vegetal-animal que tiene que ver con el estar y el tener habrían retenido a la humanidad encadenada a los apetitos anímicos y físicos.

En el momento en que el oro deja de significar lo cósmico-divino para el hombre, cuando Roma pierde el recuerdo del símbolo e incorpora plomo al oro, apenas doscientos años antes, el propio Ser solar se une con la Tierra, el Cristo se encarna y desde ese momento su impulso se expande, de alma en alma, por Europa. No lo hace a través del pensamiento (la potencia anímica que tiene que ver con la aprehensión del mundo, potencia altamente desarrollada en Grecia y Roma) en las culturas que florecían en la época; ni a través de la voluntad que relaciona al hombre con la Tierra (emparentada íntimamente con el proceso económico en Fenicia), sino del sentimiento, la cualidad de la interiorización y de la auténtica relación entre los hombres. El Cristo «entra» en ese sentimiento a través de palabras sencillas en predicaciones que evocan imágenes más que grandes pensamientos. Trae lo típicamente humano, lo que diferencia al hombre de los animales: la individualidad, el Yo; y se esparce en la humanidad a través de lo que en verdad une a los hombres, la tolerancia, el perdón y el amor. Y cuando le preguntan por el significado de una moneda, El hace una clarísima diferenciación entre lo cósmico-divino del oro y su significado como valor económico: «Dad al Cesar lo que es del Cesar y a Dios lo que es de Dios»; no se trata de si el oro es sólo un valor económico o un símbolo espiritual, sino de que entre el cielo y la tierra hay, efectivamente, muchas más cosas de las que nos puede parecer a primera vista, de que para entender algo en su justa medida hay que hacerlo desde el punto de vista adecuado, lo que viene a poder expresarse de la siguiente forma: desde el punto de vista espiritual el oro es un símbolo de la sabiduría cósmica, ideal para una ofrenda, pero desde el terrestre es un valor económico y por tanto apto para pagar tributos. Es más, lo que dice entre líneas es transparente: no tiene nada que ver la religión con la política, los asuntos de Dios con los del Cesar. En varias partes el Cristo hace alusión, muy de pasada, a la separación que tiene que darse entre lo espiritual, lo anímico y lo físico o perceptible con los sentidos, por ejemplo, en la expulsión de los mercaderes del templo o cuando dice «Mi reino no es de este mundo» o en aquella otra pregunta dirigida a su madre en la Bodas de Canaá. (¿Qué nos va a ti y a Mí en esto?).

Al expulsar a los mercaderes, lo hace en una forma que resulta altamente difícil de compreder: a latigazos. Esto, como la mayor parte de los actos del Cristo, nos trae una imagen llena de contenido. A latigazos se trata a las bestias, y lo que el Cristo está expulsando del templo es a la Bestia y no a los hombres dominados por ella.

El reino de Cristo era, tanto para muchos seguidores como para su propio discípulo Judas, exactamente un reinado terrestre. Cristo reina en ámbitos espirituales, tales como el destino, la muerte, el amor, inaprehensibles con los sentidos, con lo que se expresa en el mundo físico.

Por otra parte, la función del Cristo en la tierra no era resolver pequeños asuntos domésticos; al contrario, dedicándose sólo a esas minucias, tan importantes para el sentimiento del ser humano pero tan poco trascendentes para la evolución, habría disipado su impulso en lo accesorio.

La separación de los tres reinos no significa impedimento

para una posterior reunificación, pero eso constituiría por su amplitud otro libro completo.

El cristianismo no se desarrolló entre los fenicios, que conocían los valores económicos, ni entre los griegos o romanos, poseedores de la sabiduría de la época, sino entre los desheredados y los esclavos que no entendían ni de lo uno ni de lo otro y por tanto no eran capaces de mezclarlo,. Posteriormente se difundió entre los bárbaros, entre gentes cuyo pensamiento no había empezado a desarrollarse y de esta forma podían captar mejor las imágenes.

Casi paralelamente a esta expansión del cristianismo aparece el arabismo como concepción del mundo, desencadenándose grandes luchas entre uno y otro.

El origen de estas luchas hay que buscarlo en lo que late tras una y otra concepción: el Cristianismo inicial significa un avance hacia el futuro que dejando atrás formas propias de otras épocas, auspicia un desarrollo del individuo por encima de cualquier otra cosa. El arabismo por el contrario, intenta instaurar con renovados bríos lo que tiene que ver con lo colectivo, con lo grupal. El cristianismo propugna la libertad y la conciencia individual, el arabismo refuerza las normas antiguas, exteriores al ser humano que se transmiten por educación o por herencia. En lo que se refiere a la Edad Media, el primero vivía más fructíferamente entre los ignorantes, el segundo entre los que conservaban las formas de pensamiento anteriores.

Se ha escrito y hablado mucho sobre las persecuciones de la Inquisición, hijas de esta confrontación ideológica, pero en tales luchas hay dos aspectos a considerar: por un lado la existencia de víctimas y mártires, por el otro, y a pesar de lo anterior, el hombre desarrolló su pensamiento a fuerza de devanarse los sesos intentando entender y aprehender la verdad. Con el fenómeno de retroceso evolutivo que significó la prédica de Mahoma se produjo una especie de «efecto rebote» y los hombres avanzaron considerablemente hacia la búsqueda individual de la verdad, hacia la evolución.

En esta época se valoraba más la verdad que la vida puesto que se daba la vida por defender la verdad.

Para el hombre de hoy ocurre justamente al revés, sintiendo las masacres de la Inquisición como una salvajada y se considera completamente justificado mentir para salvar la vida. Para el momento histórico en el que sucedieron, las persecuciones constituían asuntos normales de todos los días, tan naturales como los leones de Nerón, el reguero de ladrones ahorcados a la vera de los caminos medievales o las ejecuciones masivas de la Revolución francesa. No existía una sensibilización para la crueldad semejante a la actual. Bien es verdad que seguramente el ejecutado o el quemado en la hoguera sufriría lo mismo entonces que si ocurriera hoy en día, pero como fenómeno social era tan irrelevante como la existencia de esclavos en Grecia, donde se preciaban de haber dado a luz a la democracia.

No podemos olvidar la Escuela de Traductores de Toledo, en la que Alfonso el Sabio congregó al mundo de la cultura de entonces. Allí tuvo lugar el en plano del pensamiento lo que a nivel genético sucede con la mezcla de sangres. Se reunieron cristianos, judíos y árabes, dando un impulso a la futura ciencia de tal calibre que a continuación nació el Humanismo, la antesala del Renacimiento.

En España, las corrientes evolutivas se apoyaron en los impulsos árabe y judío y de ellas nació lo que más tarde constituiría el pensamiento intelectual dirigido hacia la observación del mundo que nos rodea. Lo curioso del hecho es que Felipe II, el mayor enemigo de la evolución de la época, se negó a proseguir avanzando acorde con el resto de Europa y España, la punta de lanza del pensamiento en los siglos X y XI , quedó aislada y rezagada del movimiento cultural europeo. Mientras tanto, en el otro extremo de Europa se conservó el estado de cosas anterior: En Bizancio el cristianismo derivó hacia la introspección, hacia el más puro espiritualismo, lo que se tradujo en el mantenimiento de la religión Ortodoxa.

La zona de la cristiandad comprendida entre el Mar Tirreno y el Golfo de León se empapó del intelectualismo occidental surgiendo una desviación de la ortodoxia, un vástago semejante a lo que más tarde sería el luteranismo: el catolicismo, que establece su cuartel general precisamente en Roma. Tal y como hiciera España, el catolicismo, una vez establecido, se atrinchera en sus posiciones y detiene toda progresión.

Como consecuencia de esta división espiritual del mundo en bloques, la humanidad empieza a separar lo mental (también podemos llamarlo el pensamiento, la idea que subyace tras la apariencia) de lo que podemos percibir con nuestros sentidos, de la cosa en sí; o con otras palabras, lo espiritual de lo material y se ponen los cimientos para el materialismo.

El desarrollo del pensamiento, que a fin de cuentas consiste en el progresivo avance hacia la abstracción, trae consigo el nacimiento de la ciencia, asentándose ambos en la zona entre Grecia y Rusia, por un lado y España por otro.

Este pensamiento que con pujante vigor se instaura en el centro de Europa, choca con la religión católica. El dogma se asienta sobre la infalibilidad y la incuestionabilidad por lo que los hombres se ven abocados a creer en lugar de comprender. En el 869 durante el papado de Nicolás I se define por dogma que el hombre está formado solo por cuerpo y alma, considerando el espíritu como una función de la segunda y muchos no han llegado a comprender el alcance de este hecho; hasta ese momento se le consideraba formado por cuerpo, alma y espíritu y aún hoy sigue viva esa concepción en la religión ortodoxa. Para la masa no había gran diferencia entre una cosa y la otra, pero para los versados en Teología, para los individuos cultos de la época, que además estaban empezando a comprender el mundo con su reciente pensamiento significó una verdadera hecatombe, un postulado tan alejado de lo que sentían como verdad que hizo de detonante para la aparición de diversas herejías. Calvinismo, Luteranismo o Protestantismo son corrientes religiosas que nacen porque los individuos no aceptan el poder temporal de la Iglesia ni su prepotencia anímico-espiritual, actitudes oscuramente enraizadas en la tormenta espiritual que provocó la imposición del dogma de la dualidad cuerpo-alma y las consecuencias materialistas de este presupuesto. De tal manera se introdujo en el Vaticano un impulso semejante al árabe que, como vimos dos capítulos más atrás, desarrolló una civilización sin espíritu aunque con un profundo sentido religioso.

En su camino imparable, el catolicismo se aleja del pensar cada vez más y el dogma impone que la concepción de Jesús de Nazhareth (¿O debemos decir Jesús de Belén?) ocurre sin contacto carnal, por la fecundación que proviene de un Dios de naturaleza espiritual por mecanismos diferentes a los naturales.

Todo hombre medianamente culto a quien la docilidad y el fervor religioso no nublaran el entendimiento hubo de sentir de forma dolorosa esta imposibilidad de conciliar lo que su razón, por un lado, y su religión, por otro, le dictaban.

Empezaron a surgir las herejías dentro del movimiento religioso pero paralelamente, de forma progresiva y casi imperceptible, nació una ciencia que buscaba la verdad allí donde podía hallarla. Nació una concepción científica del mundo que se alejaba de lo espiritual porque la materia reservada a la fe no se podía investigar con otros métodos que no fueran esa fe, y para lo espiritual la Iglesia reclamaba una exclusiva competencia. La ciencia se encaminó hacia donde no encontraba trabas, se ocupó del mundo de aquí, de lo que entra por los sentidos y podemos pesar, medir y comprender con el pensamiento; se independizó de la religión, dirigiéndose hacia lo material.

Y no fue fácil lograr esta independencia, surgiendo una lucha cerrada entre el pensamiento de seres como Giordano Bruno o Miguel Servet y el dogma católico que intentaba destruir en la hoguera cualquier disidencia. La Iglesia ha mantenido un camino bastante parecido al del arabismo, convirtiendo la estancia sobre la tierra en una lucha religiosa.

La situación llegó a un grado tal que en territorios como los Países Bajos, desde la política se empezó a proteger a los ciudadanos de la persecución religiosa realizada por los católicos en países circundantes. En otros (Inglaterra) se produjo una inversión de los papeles, llegando el Estado a perseguir a los católicos, estableciéndose en todos ellos enormes luchas por el control espiritual, que según la orientación actual de la historia, tenían como telón de fondo la búsqueda del poder temporal.

No puede argumentarse en contra de la opinión de que el hombre confundió los dos reinos y aspiró al temporal cuando creía buscar el espiritual. Esto puede profundizarse de otra manera si pensamos que lo espiritual, hasta determinado punto de la historia que puede situarse alrededor del siglo XV, se había circunscrito a la religión, y llegado un cierto momento se fragmentó en dos ramas al surgir la ciencia, pero por dogma la ciencia no se consideraba espiritual. Ante ese criterio mantenido por las religiones como *representantes oficiales de lo espiritual* nadie se atrevió a mencionar la naturaleza espiritual de la cultura. No obstante, el hombre había desarrollado su capacidad de pensar hasta tal punto que necesitaba usar esa potencia no sólo para comprender el mundo físico que le rodeaba, sino para entenderse a sí mismo como un todo y por tanto también para lo espiritual. De esta forma dirigió progresivamente todo su afán hacia la cultura donde podía satisfacer su necesidad de pensar, alejándose paralelamente de la religión que formulaba el dogma como base.

En Occidente se mezcló la cultura (que tiene un trasfondo espiritual) con la economía (en clara relación con la materia, con la transformación de ésta por el hombre buscando cubrir sus necesidades) y la actividad del estado que desde hacía mucho tiempo no había tenido que ver con las otras dos, aunque en las antiguas formas de Estado religioso las normas espirituales regían toda la actividad humana, pero con Roma se habían independizado por completo.

De estas luchas se libró Bizancio, cuyo emperador Constantino estableció una clara diferenciación entre el poder político y lo económico, por un lado, y lo espiritual por otro. Y no siempre se ha entendido bien a Constantino, acusándole, incluso de actuar contra el Cristo.

Occidente, en cambio, al no poder distinguir entre lo espiritual y lo anímico, ya que el dogma los había fusionado, empezó a vivir un proceso de confusión.

La consecuencia fue que la actividad del pensamiento se separó de las leyes divinas, como anteriormente lo hicieran lo económico y lo legal. Desde este momento, la humanidad se fincó definitivamente sobre la tierra física en la que vive, siendo cada vez menos los hombres que conservaban un atisbo de lo espiritual. Los procesos cultural, político-jurídico y económico se empezaron a concebir dentro de los límites exclusivamente físicos.

Entonces la economía, al igual que la historia como objeto del pensamiento científico, se separó de todo elemento espiritual, con lo que ambas se enfocaron exclusivamente desde su apariencia, ya que el elemento espiritual constituye la esencia de las cosas. La humanidad perdió la facultad de ver los procesos como un todo, de conocer las causas que originan dichos procesos, de la misma manera que la medicina conoce los síntomas pero sabe muy poco sobre lo que denomina etiología, sobre el origen primero de las enfermedades, sobre la auténtica naturaleza de la vida y de la muerte.

De esta forma no se llega a ver que los desequilibrios económicos originan fenómenos que aparentemente nada tienen que ver con ellos, porque se dan separados en el tiempo y en el espacio, y, de acuerdo con lo que se ha expuesto hasta ahora, los hombres ni siquiera llegamos a comprender esos desequilibrios económicos; en realidad, muchos hechos se han explicado ateniéndose tan sólo a los asuntos bélicos, a impulsos humanos tales como la ambición, la codicia o la venganza y a otros motivos semejantes, que en verdad, desde esta perspectiva de la historia parecen muy poco relevantes, pudiéndose afirmar que los historiadores nos han presentado un panorama parcial e incompleto; han olvidado o ignorado causas espirituales, como es el caso de Alejandro o del mismo Napoleón, en los que vivía un anhelo espiritual que les impulsó a conquistar y producir los cambios que sus campañas originaron sobre la Tierra. Alejandro, discípulo del gran iniciado Aristóteles, buscaba fundir el impulso de Oriente con el de Occidente y para Napoleón era fundamental establecer un nuevo orden de cosas en lo social.

Por poner otro ejemplo, durante años la Iglesia Católica se encargó de impartir la educación de la mayoría de los españoles y nos contó una teoría exclusivamente espiritualista del desarrollo del descubrimiento y la conquista de América. Se relataba cómo España estaba destinada a «salvar» a los indígenas enseñándoles la verdadera religión y convirtiéndolos a la fe católica. Luego vino la caída del régimen franquista y la educación pasó a manos del Estado en su mayor parte, con lo que se empezó a hablar exclusivamente de causas económicas, tales como la ruta de la especias, el tratado de Tordesillas mediante el que España y Portugal se repartieron el globo terrestre y para llegar a Catay sin atravesar el paralelo frontera entre España y Portugal hizo falta dar la vuelta al mundo, etc... Tanto en uno como en otro caso, lo que se enseñó en las escuelas jamás relacionó los acontecimientos espirituales y los procesos económicos que en realidad tuvieron lugar. Es importante considerar que Colón disponía de planos bastante aproximados, proporcionados probablemente por el rey de Portugal, en estrecha relación con la Orden Templaria que para entonces había sido erradicada de toda Europa y sólo pervivía en España (Donde se habían visto obligados a camuflar su nombre) y en Portugal. Los Templarios orientaron a Colón hacia el descubrimiento de un secreto que ellos habían mantenido oculto durante mucho tiempo, un secreto que también se conocía en los círculos espirituales irlandeses; le proporcionaron mapas en los que se detallaba con bastante fidelidad la costa de América.

¿Qué impulsó a Colón? probablemente a los Reyes católicos les deslumbró la idea de la riqueza que podía reportar una nueva ruta de las Indias, pero la razón de la fortísima actividad desarrollada por Colón es un enigma. Nadie sabe a ciencia cierta ni siquiera dónde nació. Salvo las quejas dirigidas a Castilla por el incumplimiento de las promesas que le fueron hechas, el resto de sus pensamientos se fueron a la tumba con él y el destino contribuyó al hermetismo borrando incluso las huellas de sus restos. Su tumba fue profanada y vaciada.

Lo que sí parece posible, dados los extraños signos que acompañaban a su firma, es que perteneciera a una Hermandad Secreta, lo que unido a su vinculación con los Templarios puede conducirnos a considerar más probable una meta de tipo espiritual que la ruta de las especias. Es importante tener en cuenta que las Hermandades Secretas han cambiado bastante desde el siglo XV, por lo que no puede pensarse que en aquella época existieran cosas como el Banco Ambrosiano o la Logia P2, cuyo oscuro trasfondo sí parece ser alcanzar el poder económico y político.

Hoy en día encontramos dos curiosas posturas en lo que a la conquista de América se refiere. Por una parte, los nacionalistas americanos, con una forma de nacionalismo que podría llamarse continentalismo, catalogan los hechos como de la más abyecta dominación del hombre por el hombre negándose a ver las consecuencias benéficas que sin duda han derivado de ellos, no sólo para América sino para todo el orbe terrestre; si bien es verdad que las enfermedades diezmaron a la población, que España, Francia, Inglaterra y Portugal procuraron obtener la mejor tajada, también lo es que se aportó sangre nueva para una renovación de las razas que hace posible el nacimiento de culturas universales, de nuevas fuerzas; por otro lado, desde los gobiernos se vende una historia amañada de vida y dulzura, evitando todo aquello que puede traer disensión y que sin duda existió, entre lo que podemos contar la mortandad masiva por enfermedades venéreas, la colonización, la esclavitud y el expolio. Existe una especie de esquizofrenia entre lo espiritual y lo material, entre lo sensible y lo suprasensible que, al estar disociados, no permite percibir a ninguno de los dos aspectos en sus reales dimensiones.

América (usando el nombre posterior a la conquista por la mera y simple razón de que es el más conocido) dona a la humanidad sus caudales en oro y plata que fluyen por Europa, pero Europa paga un alto precio por ello: su economía se transforma en pos del dinero y entra en lo que podemos llamar el proceso monetarista, con lo que empieza una distorsión absoluta, pensándose que la finalidad de todo lo económico (de la producción, el comercio y cualquier actividad humana que tenga que ver con el dinero) tiene por único y exclusivo fin la obtención de más dinero. Los teóricos de la economía hablan de que la introducción de oro y plata en Europa produjo una gigantesca inflación. Ese fenómeno se debe a diversos motivos, por ejemplo ha ocurrido cada vez que un país aumenta arbitrariamente el número de pagarés, de papel moneda, porque el valor del papel no reside en sí mismo sino en los valores a los que representa, y para aumentar el circulante hay que hacerlo también con los valores en que éste se apoya, so pena de provocar desequilibrios = inflación. El oro y la plata tenían y tendrán siempre su propio valor en el mercado, aunque ya no lo ostenten como monedas, pero siguen siendo metales preciosos y la demanda fijará la cuantía de ese valor.

En realidad, el origen de esa inflación no hay que buscarlo en el hecho de que aumentara la cantidad de metal circulante, sino en el progresivo cambio en la valoración del dinero por la totalidad de la población, pasando de ser considerado un simple medio de intercambio al supremo bien que el hombre puede alcanzar sobre la tierra. Se influyó de forma artificial en el valor del dinero al ser considerado más importante que la mercancía y siempre que se introdujeron valores falsos en el proceso económico ha sobrevenido una inflación proporcional. Así como en el siglo III este fenómeno se circunscribió a Roma y no a todos sus habitantes, a partir del siglo XV se globaliza en Europa.

¿Y qué aporta Europa a América? Además de sangre nueva, lleva el pensamiento intelectual, que de otra manera habría tardado mucho más en desarrollarse sobre el nuevo continente.

América vivía en una civilización de imágenes en la que desde hacía siglos las cosas permanecían inmutables. Los Dioses, los espíritus, controlaban los actos de sus habitantes, desde los pieles rojas de Canadá y Estados unidos a las tribus salvajes próximas al cabo de Hornos. Con la introducción del pensamiento el continente salió de su anclaje en épocas pasadas.

Con una pasada rápida por los hechos, como la presente, salta a la vista un fenómeno muy curioso en la historia del trabajo del hombre sobre la tierra: la actividad económica se ha envuelto progresivamente en un proceso de abstracción, de forma paralela a como ha sucedido con el pensamiento humano. El niño empieza su relación con el entorno viendo imágenes poco nítidas, prosigue con la percepción de formas concretas, que graba en su memoria y puede recordar más tarde, o lo que es lo mismo, desde la contemplación de la imagen se pasa al recuerdo de esa imagen, a las representaciones que ya no dependen de la presencia de las cosas. A continuación, poco a poco, avanza hacia el proceso de elaboración de conceptos a partir de la observación, pudiendo revivir mediante la memoria esos conceptos, asociándolos, comparándolos y fabricando con ellos su edificio mental, un edificio que para muchos avanza poco más en su complejidad, apoyándose en el recuerdo de las imágenes sensoriales. Finalmente, algunos hombres llegan a la pureza de un pensador como Hegel, cuyos conceptos alcanzan una categoría moral que poco depende de la apariencia de las cosas. Hegel se mueve en un mundo ideico, de conceptos puros, que tiene poco que ver con los recuerdos de lo percibido o lo sentido, en un entorno en el que nada que venga de otros mundos empaña la belleza y perfección del mundo del pensamiento.

De la misma manera, la humanidad empezó su actividad recolectando, lo cual le obligaba a fijar su residencia en zonas que ofrecieran razonables expectativas de no morir de hambre. Al hacerse agricultor pudo decidir con más libertad su residencia, aunque se obligaba a permanecer cerca del cultivo. El comercio significó la siguiente etapa liberatoria a pesar de comerciar con lo que la tierra produce. Como una más de las actividades nacidas gracias al comercio, surgiría en la Alta Edad Media, en Italia, la figura del contable. El contable es un trabajador que aparentemente nada tiene que ver con la producción y que puede coger su lápiz en determinado momento e ir a ofrecer sus servicios en cualquier parte. Con él ha nacido el trabajador mental o espiritual. El contable no trabaja con mercancías o con dinero, sino con guarismos, con abstracciones.

Antes de continuar es necesario puntualizar algo, porque decir trabajador espiritual puede suscitar toda clase de reacciones, pero aquí sólo se trata de entender que hay dos tipos de personas, los que extraen, transforman o comercializan productos de la tierra y los que desempeñan su tarea sin ningún contacto con la naturaleza, en actividades como puedan ser la enseñanza, el arte, la administración de justicia, el periodismo..., para algunos teóricos de la economía es éste uno de los conceptos más difíciles de situar correctamente, hasta el punto de que en la revolución china se afirmaba que todos tenían que trabajar la tierra para tener derecho a comer, y se ponía el ejemplo del contable como persona no productora. El contable, decían, si quiere comer, que trabaje, que produzca lo que consume. No obstante, el trabajador espiritual, aunque no produce directamente, hace posible a otros el ahorro de trabajo, como en el caso de un maestro cuyos discípulos podrán desempeñar mejor sus futuras funciones cuanto mejor haya realizado las suyas el maestro, o un matemático que descubre la relatividad o un astrónomo que establece el paso de un cometa o un eclipse.

Si nos permitimos un salto en la historia llegamos a la industria, el paso siguiente al comercio, en el que no sólo se transforman las sustancias naturales creando otras nuevas, sino que se propicia la aparición de actividades mucho menos dependientes de la naturaleza como la ingeniería, la física... Por último, la más excelsa de las producciones humanas, el arte, fija sus raíces en el mundo espiritual o, mejor aún, en lo no material; traslada la idea (lo no perceptible ni mensurable) a lo físico (a lo perceptible por los sentidos), el movimiento a la forma rígida, el sentimiento al sonido... Así como el hombre mediante su actividad económica ha ido asentándose cada vez más firmemente en la tierra, el proceso económico, paralelamente al desarrollo del pensar como capacidad humana, ha realizado el camino inverso; desde la tierra ha remontado el vuelo hacia el espíritu. Desde la agricultura hasta el arte.

Y en cuanto a la concepción de la economía, aparece una nueva forma. El dinero es apetecido en Occidente con mucha más intensidad que nunca, dirigiéndose todo el proceso económico hacia un único fin: la obtención de dinero. Con el oro y la plata venidos de América en el siglo XVI aumenta el caudal económico y podríamos decir que se ha entrado en la fase de economía monetarista.

Aquí resulta imprescindible recordar la figura de Mefistófeles en el Fausto. Cuando el rey preocupado por la escasez de oro busca soluciones, Mefistófeles propone la «gran mentira», la entrega a los ciudadanos de bonitos documentos con muchas firmas, a cambio del oro. Así, asegura, buscarán y sacarán su oro de debajo de sus baldosas, cambiándolo por los papeles sin valor y entregarán los auténticos valores al rey.

Pues exactamente eso ha hecho la humanidad.

Al traer los Polo el papel de Catay, no sólo pudo imprimir Guttemberg sus pliegos, sino que aparece el papel moneda. Y son los Templarios quienes inician el proceso inventando las letras de cambio (en las que durante siglos se podía leer: páguese por esta segunda, de no haberlo hecho por la primera), letras que se giraban dobles por si naufragaban los barcos que las transportaban (cosa que solía, además, deberse a causas distintas de las naturales). Los Templarios, una Orden pobre en sus inicios, pero con miembros activos, imaginativos y trabajadores, miembros que querían con todas sus fuerzas transformar la tierra, con el tiempo llegaron a ser los banqueros principales del Rey de Francia, hasta que Felipe, el francés que la historia también ha apodado el Hermoso, buscando apoderarse del capital templario destruyó la orden y ejecutó a sus dirigentes.

En un principio, el papel moneda fue un pagaré sin valor en el mercado. Un certificado que acreditaba el derecho del portador del papel a cobrar cierta cantidad en metálico. Poco a poco las naciones lo adoptaron como moneda de curso legal por sus enormes ventajas. En España, hasta hace no mucho, en los billetes rezaba la siguiente leyenda: «El Banco de España pagará al portador... Ptas de curso legal». Eso indicaba claramente que las pesetas eran algo diferente del papel, de los meros pagarés.

Para entender el significado oculto de la sustitución de las monedas por papel es importante recordar qué se esconde detrás de los cuatro metales: son símbolos de los cuatro elementos constitutivos de la vida, a saber, el oro simboliza el espíritu solar, el soplo con el que se infunde vida, representado en múltiples mitos. La plata tiene que ver con la luna, el astro de los ciclos de vida, por lo que se puede pensar que regula esa vida infundida por el sol. Al igual que la luna actúa en oposición al sol y la noche al día, entre el oro y la plata se crea un sistema de fuerzas que consiguen un equilibrio. El cobre simboliza lo femenino, de la misma manera que el plomo alude a lo masculino; los elementos masculino y femenino, en los que actúan el sol y la luna también constituyen entre sí un sistema de fuerzas equilibrado.

Al usar los metales se estaban empleando directamente los símbolos esotéricos más antiguos. Podría decirse que el Proceso Económico, en sus inicios, usaba los símbolos más claros del mundo espiritual como si se quisiera dar a entender que el proceso en sí era también un símbolo de lo que acontece en lo espiritual. Con el papel moneda los hombres compran y venden utilizando no ya símbolos ancestrales de la vida, sino un producto que además fue vivo: el papel se extrae del mundo vegetal, del mundo donde radica la vida, y no olvidemos que el sol también tiene que ver con la vida. Tampoco parece casualidad que se sustituyera el oro por papel, porque de forma indirecta el papel es un símbolo de esa vida que el sol confiere. El segundo símbolo, el papel, mantiene con el sol una relación menos esotérica que el oro, el primer símbolo, pero más sutil. También lo vegetal se interpreta como símbolo de la vida.

Y, además, estamos usando el símbolo de un símbolo. El papel es el símbolo del oro, o por lo menos lo era cuando en los billetes rezaba la leyenda «El Banco de España pagará al portador mil pesetas de curso legal», oro que simbolizaba a su vez la sabiduría cósmica. En resumidas cuentas, por si con un símbolo no era suficiente para oscurecerlo, lo hemos complicado aún más. Y llegó el momento en que la humanidad perdió el hilo.

Pero el papel tardó bastante en imponerse en la circulación monetaria. Europa sale de la Edad Media con un progresivo aumento en el flujo de metal-moneda, y con una situación tal, las fraternidades ocultas vertieron sobre Francia tres conceptos que resultaron revolucionarios: Libertad, Igualdad, Fraternidad.

IV

Lo que no sucedió en la revolución francesa

Se considera con mucha razón que en 1.492 la humanidad entró en una nueva época. El siglo XV es como un mecanismo de charnela, un punto de inflexión y giro, en el que se deja atrás la oscuridad medieval y se entra lenta e inflexiblemente en un proceso que desemboca en el actual asentamiento del pensar como patrimonio de todos los hombres; primero lo espiritual vivió como sentimiento religioso en todos, pero a partir del divorcio cultura-religión, durante bastante tiempo sólo los aristócratas podían permitirse el lujo de continuar con una cultura tradicional y sentirse a gusto en la religiosidad. El proletario toma consciencia de la injusticia social, por lo que rechaza la resignación que le impulsa a soportar las desigualdades sociales; no encuentra sentido a la religión y se vuelve hacia el pensar. Como precursor del proletariado pensante aparece la Revolución francesa. El fenómeno que comenzó en Italia con el Humanismo se tradujo en la aparición en Francia de la difusión del pensar y de la adquisición de conocimientos por el vulgo. Por primera vez surge una idea como motor de un movimiento social, a diferencia de épocas anteriores en que los impulsos provenían de la religión, y nada nos hace pensar que tuviera un origen religioso lo que movió a los *descamisados*, o como los llaman los propios franceses, los «sin calzones». La religión permanece como patrimonio de los acomodados, mientras los obreros, los que después integrarán el proletariado, empiezan a pensar en la incongruencia que representa la coexistencia de injusticias sociales y de un Dios definido como amor. El proletariado no puede sentirse identificado con los postulados de las religiones, ni aceptarlos, sobretodo en lo que se refiere a la permanente necesidad de la resignación como actitud. El proletario piensa con un maravilloso rigor a pesar de carecer de las bases culturales del acomodado, pero precisamente por ello dispone de un pensamiento libre de los prejuicios religiosos y todo esto aparece ya en la Revolución Francesa.

Veamos cómo sucedieron los acontecimientos que desembocaron en estas cosas:

El oro y la plata del nuevo mundo impulsaron un potente desarrollo del comercio.

Florencia volvió a acuñar, después de que los Francos, Visigodos y otros pueblos bárbaros las retirasen de la circulación, nuevas monedas de oro, los florines, en busca de ampliar horizontes comerciales. A su lado Bolonia creó una universidad que puso los cimientos de las futuras culturas. Los hombres empezaron a viajar, a conocer otros pueblos, a buscar riqueza fuera de las fronteras de su nación y desde algunas ciudades de Italia y de los Países Bajos se gestó una febril actividad en pos de nuevos mercados y mayores ganancias. La navegación comercial restó protagonismo a las escuadras de guerra, los transportes terrestres se regularizaron y se llegó a establecer en Francia un curioso sistema de comunicaciones por señales visuales con su alfabeto propio que permitía saber en poco tiempo lo que ocurría a bastante distancia; de colina en colina se transmitían las noticias con específicos movimientos de banderas. Aunque en embrión, en la llamada edad Moderna ya tenemos todos los componentes de la época actual. Los hombres rompen definitivamente el cada vez más débil lazo que les unía con los mundos espirituales.

El proceso económico empieza a perseguir el beneficio por encima de cualquier otra meta. El trueque desaparece y en su lugar se asienta el dinero como patrón de intercambio universal. Podemos, pues, hablar de una economía basada en el dinero, una economía monetarista en el más amplio sentido de la palabra.

Se vivía un momento muy especial. Los señores feudales y la monarquía se habían apropiado de los bienes, administrándolos en nombre de Dios con un absoluto desprecio por los hombres. La sociedad, al principio, era muy parecida a la de la Edad Media y aunque existían las ciudades como núcleos independientes del poder feudal, éste aún tenía una amplia vigencia. La población estaba dividida en dos grandes grupos, los poderosos y los miserables, siendo los primeros dueños de vidas y haciendas y estando vedado para los segundos el acceso a la riqueza, a la cultura, y a la misma evolución, a través no sólo de los recursos económicos, sino de un cuidadoso racionamiento del pan y la sal. En Europa se mantuvo hasta muy tarde el control de la sal por los señores así como la posesión de los hornos donde se cocinaba el pan.

Es muy abundante la bibliografía sobre el papel de los Fueros dados por los monarcas a los habitantes de las ciudades como única forma de desvincular a los señores de sus vasallos para así contrarrestar el desmesurado poder de los Señores feudales.

Estos leyes o Fueros constituyeron el primer balbuceo de legislación escrita que siguió al Derecho Romano. Los hombre sabían que el hecho de vivir en las ciudades amparadas por los Fueros y por tanto bajo la directa protección real, les daba ciertos derechos de los que carecían en la vida rural. Así nació la Burguesía, nació la emigración desde el campo a las florecientes ciudades, donde la sal se podía adquirir en el mercado y donde existían tahonas con hornos para cocinar el pan. Ya hemos visto el papel de esas sustancias en diversas etapas de la evolución de la humanidad por lo que es importante no pasar por alto el hecho de que se pudo controlar al hombre racionándole pan y sal. La cultura actual ha interpretado este racionamiento como una forma de dominio físico, ya que al sudar se pierden electrólitos que es necesario reponer con sal así como el pan era la base alimentaria en la época, pero espiritualmente es mucho más profundo: con la sal se impulsa el proceso espiritual de desarrollo del pensamiento, y con el pan el equilibrio y la armonización de ese desarrollo. Ese es el alcance de lo que se frenó en los campesinos europeos para mantenerlos en el antiguo estado de esclavitud que querían conservar los dueños de vidas y haciendas.

Las ciudades creadas al amparo de los fueros se independizaron de esta esclavitud, pero las zonas rurales se mantenían bajo el absoluto poder feudal.

Y curiosamente el pan, el alimento básico, fue el detonante del cambio, adquiriendo un protagonismo que no le reconoce la historia.

Se había llegado al agotamiento de una época y la forma de vida propia de la Edad Media hacía agua; la miseria era la tónica general; en Francia, los campesinos hambrientos emigraron en masa a las ciudades, constituyéndose en el caldo de cultivo sobre el que creció la revolución. Una revuelta tras una de las muchas subidas en el precio del pan fue el inicio aparente de ésta, pero detrás, como soporte ideico, se hallaba la obra enciclopedista, estaban las escuelas esotéricas con el convencimiento de que su «misión» consistía en introducir en la humanidad la idea de la igualdad para entrar en un nuevo período.

Los tres pilares de los enciclopedistas fueron libertad, igualdad y fraternidad, como todo el mundo sabe, pero con una profundidad que en realidad se ignora. Con esos tres pilares se estaba cimentando todo un nuevo orden jurídico-económico, basado en un conocimiento de las leyes que actúan en lo social que aún dista mucho de ser comprendido por las ciencias sociales y económicas.

Con estos tres pilares se está aludiendo a los tres estamentos o vertientes en los que se realiza la actividad humana. Un primer tipo de actividad lo encontramos en lo que tiene que ver con el pensamiento y la cultura. Ahí cada cual alcanza diferente grado de desarrollo, dependiendo de sus capacidades y de su esfuerzo, o lo que es lo mismo, somos socialmente libres para avanzar en el conocimiento todo lo que seamos capaces. El límite nos lo pone nuestra propia capacidad, no el exterior, y nuestra capacidad, a su vez es algo que desarrollamos y potenciamos con nuestro esfuerzo. Esto puede describirse como la primera cualidad socio-moral que abanderaba el movimiento enciclopedista: la libertad.

No hay cosa que más subleve al ser humano que la represión cultural e intelectual y la defensa de la libertad intelectual ha sido motivo de numerosas novelas, ensayos, filmes y obras de teatro. No se puede hablar de un mundo libre si no existe la libertad en el pensamiento.

Antes de la caída del Imperio romano, y partiendo de formas absolutamente teocráticas (Los griegos tenían a los Dioses hasta en la sopa) Grecia desarrolló un conocimiento o saber que se desligó casi por completo de los mundos espirituales, un pensamiento basado en la observación del mundo circundante cuyo máximo exponente fue Aristóteles. Roma entró en la historia con hombres como Josefo, en la filosofía con Séneca, en la literatura con Petronio, personajes que poco tienen que ver con los terrenos celestiales. Tras la desaparición de Roma, el saber se refugió en los monasterios. Era un saber religioso, basado en las tradiciones, muy alejado de los logros de Grecia y Roma, pero los enciclopedistas volvieron a liberar el pensamiento de la hegemonía eclesiástica. Con ellos, la cultura salió de los monasterios y se convirtió en patrimonio de la humanidad. La libertad en el pensamiento conquistada por Aristóteles se perdió durante varios siglos recuperándose como cualidad viviente en los hombres corrientes de a pie que no pertenecían a círculos privilegiados, poco antes de la Revolución Francesa.

La segunda cualidad ético-social viene definida por la igualdad; en ella residía la innovación y el motor que llevó a la Revolución.

Las testas coronadas de la época mantenían la tesis de que eran reyes por la gracia de Dios. Se consideraba que desde la creación de los mundos existían personas cuya misión consistía en dirigir a otros hombres y hasta entonces nadie había atentado contra el orden de cosas establecido, pero en el proceso que marcó el final de la Edad Moderna apareció un impulso poderoso que se tradujo en la creación de Cortes populares, Tribunales formados por hombres y mujeres del pueblo, una nueva policía popular...En general se produjo una transformación jurídico-legal, arrebatando esta parcela de las manos de los poderosos y estableciendo el principio de que todos los hombres son iguales ante la Ley, de que las normas legales no son más importantes ni anteriores al hombre, sino producto y consecuencia del propio hombre. Hoy en día las Cartas Magnas de las naciones recogen este principio de igualdad ante la Ley, así como el de que la justicia emana del pueblo que viene a ser el autor de los códigos que aplican los jueces, aunque para ello delegue en los políticos electos.

Este es el principio en el que se debería basar la actividad de todo estado en sus tres vertientes, o como se ha venido en llamar, sus tres poderes: Ejecutivo, Legislativo y Judicial.

Si comparamos libertad e igualdad vemos que son cualidades irreconciliables. No cabe la libertad ante la Ley, sino la aplicación de la misma a todos por igual, así como es impensable la igualdad en las culturas o entre las capacidades mentales de los individuos. El sustrato sobre el que asientan es diferente, lo cual hace posible su coexistencia si no se mezclan sus ámbitos de acción.

Pero existe la tercera parte del «slogan» enciclopedista: la fraternidad.

Al hablar de fraternidad se podría entender que es una cualidad que ha de darse sólo cuando libertad e igualdad alcancen un alto grado de desarrollo, al que en la época en que vivimos ya debería haberse llegado, lo que origina que muchas personas consideren que hablar ahora de fraternidad está absolutamente desfasado. Acerquémonos al concepto de fraternidad desde el que se escribe este libro:

Los diccionarios definen el término como relación entre hermanos o los que se tratan como tales. Automáticamente se piensa en los hermanos en Cristo (Véase frailes), los hermanos de las sectas religiosas, los hermanos de las fraternidades ocultas e incluso los que entre sí se llaman hermanos de raza (ya sea negros, ya del ku kus clan). Hay pocas cosa tan desprestigiadas como la fraternidad.

Cuando aquí se habla de fraternidad se alude a la situación en la que los hombres han de poder obtener del proceso económico lo que precisan para cubrir sus necesidades y a la vez proporcionan con su trabajo al caudal económico lo necesario para cubrir las necesidades de los demás. Satisfacer estas necesidades ha de ser la finalidad de dicho proceso, que, en la misma medida que la Ley, ha de estar al servicio del hombre.

Si pensamos en la relación que mantienen entre sí los hermanos en una familia, hemos de tener en cuenta que entre ellos existen pugnas, envidias, recelos y tensiones muy frecuentes.

En una familia, para que anímicamente haya salud y el desarrollo de los hijos sea correcto, las relaciones de amor han de establecerse entre los padres y los hijos, no siendo necesarias entre los hermanos. Un niño que no recibe de sus padres una cantidad adecuada de cariño y atención es fácil que crezca enfermo anímica o físicamente y esa cantidad es bastante similar para todos los niños, pero en cuanto a lo que los padres gastan con cada hijo, las cosas son diferentes. Es más, normalmente, la madre –que dice que los quiere a todos por igual– procura que cada cual tenga lo que necesita, destinando partes diferentes del presupuesto familiar para ello, en función de diferentes factores. Muchos de los problemas familiares actuales derivan de que los hijos quieren tener lo mismo que todos sus hermanos; se pretende aplicar la igualdad allí donde ha de vivir la fraternidad, y el que cada hijo reciba lo que necesita es la base de la fraternidad, mientras que todos los hijos reciban lo mismo sería aplicar la igualdad. Lo importante es no confundir el cariño materno con la obtención de las mercancías necesarias en el seno de la familia. Querer lo mismo no significa dar lo mismo, sino satisfacer de suficiente manera las diferentes necesidades, o sea, procurar que no existan carencias.

Dicho de otra forma, la relación afectiva de los padres con los hijos se establece en función de la igualdad, y la de todos los miembros ante la capacidad económica de la familia en función de la fraternidad.

Ya en el siglo XVIII se llegó a entender el significado de la fraternidad, lo que queda patente al contemplar el hecho de que la toma de la Bastilla se desencadenó por el convencimiento de las masas de que los hombres tienen derecho a satisfacer sus necesidades. Había una tendencia natural hacia la fraternidad detrás de los impulsos iniciales de la Revolución. Pero el asunto se les fue de las manos a sus artífices, con la intervención de los Robespierres, Fouchés y aves de rapiña semejantes. Lo que nació para llevar a la humanidad hacia la concordia se enterró bajo sangre, cadáveres, despotismo y todo un abanico de horrores que solo pueden conducir al caos. De esta manera, el desarrollo de la individualidad humana que el Cristo hizo posible se desvió hacia el impulso contrario al propio de su auténtica naturaleza.

Como consecuencia, los términos libertad, igualdad y fraternidad aún no han sido comprendidos por la humanidad en su significado profundo de arquetipos del desarrollo social e individual actual.

Estos tres bellos anhelos se mantienen como ideales ya que los prejuicios de nuestra cultura restan al hombre capacidad para comprenderlos, por lo que existe la tendencia hacia ellos derivada de la necesidad de que se materialicen en la vida humana actual, pero como todo lo que no se comprende resultan de imposible aplicación. De ahí que se piensen como utopías, como hermosas imágenes que no pueden compatibilizarse con la realidad en que vivimos. Si la revolución se hubiera producido sólo en el terreno cultural, el del pensamiento y saber humanos, habría puesto los cimientos de desarrollo individual necesarios para una estructuración social en la que existieran tres organismos, cada uno independiente de los otros dos, a saber: el cultural en el que viviría la libertad, el jurídico-político basado en la igualdad y el económico organizado de acuerdo con criterios de fraternidad. En cambio, la revolución se trasladó al terreno político, intentando cambiar el entorno sin cambiar el hombre. De la manera en que todo se desarrolló, el fruto que recogió la humanidad no mucho después fue el liberalismo, una estructura en que lo que verdaderamente es autónomo y libre es lo económico, con lo que lo jurídico se limita a contemplar las actividades económicas y lo cultural, al no ser el depositario de la libertad ha perdido su sitio sobre la tierra.

En resumidas cuentas, el liberalismo es el padre del capitalismo.

La humanidad habría recorrido caminos muy diferentes si no se hubieran perdido las ideas originales de la Revolución francesa. Las masas –a pesar del criterio de Ortega y Gasset que identifica humanidad con masas– son una especie de monstruo donde salen a relucir los más bajos instintos, la venganza, el odio, la crueldad, el sadismo... La masa aniquiló la Revolución y unos cuantos supieron darle, como los césares, carne donde hincar el diente. Como toda desviación del altruismo, la Revolución tuvo puntos de contacto con la vieja Roma.

El paso siguiente en la evolución de la humanidad, en el que jugó un papel relevante la economía monetarista, es el desarrollo de las ciencias aplicadas. El pensamiento humano ya no se dirige hacia problemas teológicos como en la Edad Media, sino hacia el mundo en el que vive.

Este nuevo pensamiento crea la ciencia y rechaza como ajeno lo que tenga que ver con la fe. Se puede decir que no les queda otro campo de acción, ya que la Iglesia se erige en sustentadora de la verdad religiosa y veta la entrada del pensamiento en su campo de dominio. La ciencia se dirige hacia todo lo que no es patrimonio de la religión, lo material, mientras lo que tiene que ver con lo religioso se separa, como si le quemara, de la realidad cotidiana, del mundo del pensar por sí mismo en el que el hombre empieza a moverse. Esta separación mutua en la que lo científico se desliga cada vez más de lo espiritual desemboca en el momento en que, con toda razón, lo espiritual es rechazado como «acientífico».

Y aún se produce otro fenómeno: La religión mantiene afirmaciones insostenibles para el pensar. No se entiende la razón de sus aseveraciones y el dogma empieza a considerarse pura fantasía. La verdad que antes se demandaba de la religión empieza a buscarse exclusivamente en la ciencia, pero además, la confianza en la autoridad propia de la relación anterior con la religión, se depositó desde entonces en la ciencia, con lo que la fe se desplazó desde la religión hacia la ciencia.

Se transforma el mundo teniendo como única realidad la que nos entra por los sentidos. Lo mensurable o palpable, en contraposición a lo inspirado, proporciona al hombre la única posibilidad razonable de acceder a la verdad, pero al tener en cuenta sólo lo mensurable se escapan muchas cosas de la contemplación humana, que lentamente se va dividiendo entre lo subjetivo y lo objetivo que se derivan de la interpretación parcial de los hechos. Lo subjetivo atiende sólo a las condiciones del espectador, mientras que lo objetivo se limita a considerar al objeto. El fenómeno estaría más completo si pudieran aunarse lo contemplado y las repercusiones que tienen lugar en el espectador, porque la realidad está constituida por ambas cosas, la realidad exterior que observamos y la interior que surge de la observación (que al ser interna no sabemos cómo tener la certeza de que la experimentamos, dejándola de considerar realidad, aunque por su propia naturaleza es tan real como lo que palpamos).

Es importante tener en cuenta que en nuestro interior viven cosas que tienen distinta naturaleza, pero están mezcladas. El pensar no tiene nada que ver con nuestros impulsos o sentimientos, pero como todas esas cosas pueden presentarse en forma de vivencias interiores es frecuente considerar que toda imagen que cruza por nuestra cabeza es un pensamiento, y en realidad no es así. La mayor parte del tiempo dejamos que nuestra mente vague por imágenes que son recuerdos, impulsos, asociaciones de ideas... En realidad el tiempo que dedicamos a «pensar» en el más estricto sentido de la palabra es muy escaso, y cada vez que mezclamos pensamientos con todo lo demás ocurren deformaciones, alteraciones en la formación de los pensamientos. Por ejemplo: si pienso en las ejecuciones de la Revolución Francesa y dejo que mi sentimiento de horror se mezcle con el análisis, será muy difícil que llegue a a comprender que detrás de eso hay una búsqueda ciega y torpe de la igualdad. Mi sentimiento me encierra en la unilateralidad, en el jucio previo a cualquier consideración de que aquello fue nefasto.

Poco a poco, los edificios mentales constituidos desde la unilateralidad van adueñándose de las distintas parcelas, van creciendo y por semejanza o asimilación vamos integrando más y más conceptos que refuercen nuestros criterios, hasta llegar a un punto en el que chocan con lo que encontramos como realidad exterior. Como lo más próximo a nosotros son nuestros pensamientos, (los habituales, los que están mezclados con otras vivencias), vamos aferrándonos a ellos progresivamente. Primero se les considera nuestra realidad más profunda, sin por ello olvidar la realidad circundante que podemos percibir. Apoyándonos en el proceso mental-vivencial, se desconfía cada vez más de nuestros sentidos y la realidad exterior que nos comunican, hasta el punto de pensarse que el sonido de un árbol al caer o el chispazo del relámpago sólo existen si hay un oído o un ojo que los perciba. Esto es una muestra inequívoca de que el pensamiento humano como herramienta de conocimiento ha quedado encerrado dentro de los límites del más absoluto subjetivismo. Por otra parte, el pensamiento que acompaña a la técnica hace exactamente lo contrario, resultando de un pragmatismo aterrador y considerando que las cosas que no se han experimentado no existen.

Tanto la ciencia como la filosofía, como gran parte de los movimientos esotéricos, basándose en unas u otras razones han llegado a considerar que los fenómenos no existen fuera de nosotros, sino sólo en nuestro interior; se considera que ver y oír son fenómenos que tienen relación únicamente con la organización de nuestros sentidos, los cuales se activan al contacto con ondas del exterior, traduciendo esas ondas de diversas maneras. Un árbol cae y produce vibraciones en el aire que nuestros sentidos «transforman» en lo que nuestro cerebro nos da como imagen visual o auditiva, pero nadie nos asegura que esas vibraciones sean producidas por algo ajeno a nosotros y nuestra organización corporal *descodifique* esa supuesta información, creándonos la ilusión de algo que no existe. Y a quien objete que esto le parece pura elucubración, que él oye los sonidos al tiempo que ve los fenómenos, y después comprueba sus efectos por lo que no pueden ser creación de su mente, se le tacha de ignorante o de realista ingenuo.

Hay quien va más lejos y afirma que nuestras representaciones son meras creaciones mentales, para después reducir los pensamientos a representaciones. Ello convierte al mundo en una creación individual. Dicho de otra manera, conocí a alguien que afirmaba que yo sólo era una creación mental suya; lo que ya no le sonaba bien era mi afirmación de que al hilo de su razonamiento, tal persona a su vez, sería una creación mental mía.

No eso no encajaba porque tenía la plena conciencia de su existencia, pero, por supuesto, nada le confirmaba la mía.

El materialismo, que empezó creyendo sólo lo que veía y viendo únicamente la materia, dentro de un proceso de rigurosa elaboración de conceptos en el que parte exclusivamente de la percepción, ha llegado a creer que lo que ve no existe, que la tal materia es una creación mental, sin considerar que si hay una creación mental su naturaleza podrá ser cualquier cosa menos material, pero el materialista sólo se finca en su propio pensamiento; para él es lo único real y lo antepone a la misma materia.

Nuestra civilización crea un entorno exclusivamente material para el hombre, de donde, curiosamente, acaba expulsándole.

V

La economía actual: una economía de poder

La economía ha cambiado increíblemente desde que los sacerdotes indicaban el momento oportuno para sembrar y recolectar. Durante el siglo XIX empieza a ser considerada susceptible de estudio científico y admite dentro de sus muros a personas como Ricardo o Marx... Poco a poco la ciencia económica toma las riendas del proceso y en la actualidad son los economistas los que planifican la actividad desde los gobiernos de las naciones, manejando para ello datos macroeconómicos, tales como el Producto Interior Bruto, el famoso P.I.B. que hoy en día es la base de lo que se ha venido en llamar política económica.

En un primer momento los economistas llamados clásicos consideraron que la producción de un país, el P.I.B., estaba formado por varios factores, entre ellos el trabajo y los recursos naturales. Dicho de otra manera, se creía que el nivel de desempleo y los recursos naturales afectaban positivamente a la riqueza del país.

Esto sucedió hasta Keynes (1883-1946), época en la que Inglaterra apuraba los últimos frutos de un considerable desarrollo logrado gracias al comercio de los productos que venían de las colonias. Inglaterra transformaba parte de esos productos, por lo que disponía de industria, pero con técnicas antiguas, maquinaria tradicional e incluso mentalidad tradicional. Los ingleses no vieron necesario renovar sus estructuras por continuar su tradicionalismo, o lo que es lo mismo, por no haber seguido avanzando en su evolución, siendo incapaces de percibir que el futuro se abalanzaba sobre la humanidad exigiendo renovación.

Entonces, Alemania, que no tenía colonias, pero sí las cualidades necesarias para dar un paso innovador, se planteó la necesidad de planificar su desarrollo basándolo en lo único de que disponía: su capacidad de trabajo. Creó una industria acorde con los criterios actuales y, a diferencia de Inglaterra (cuyo peso económico reposaba en el comercio), o España (en la que todo su caudal provenía de la agricultura), se abrió paso en el mercado donde sus productos industriales no encontraron competencia. Esa actividad de lo que entonces se llamaba Imperio Austro Húngaro creó una nueva forma que se mantiene en nuestros días en muchos aspectos del proceso.

Y de aquí derivaron dos fenómenos sorprendentes:

El primero consistió en que en lugar de intentar competir con Alemania se procuró frenarla; la Inglaterra victoriana del rey Alberto pactó un bloqueo económico que desembocó en la guerra. Lo curioso es que nadie pareció darse cuenta de que los problemas que ocasionó Alemania en la época de Bismark tuvieran algo que ver con el intento de paralizar la actividad económica alemana. Es verdad que cuando Alemania tuvo la certidumbre de estar por delante de cualquier otra nación, los políticos empezaron a arrimar el ascua a su sardina y se controlaron, de forma progresiva, la industria y la economía desde el Estado, pero a la ambición de los políticos hay que sumar un factor esencial: a causa de la inquietud social que se generó al ser excluida del mundo económico, con una estructura capaz de abastecer al resto del mundo civilizado, la nación alemana optó por soluciones de tipo político- militar, lo cual aumentó el malestar internacional. Si una hegemonía económica es bastante difícil de soportar, usada como arma política es una bomba de relojería.

Una de las consecuencias de estos hechos fue la creación, coincidiendo con el cambio de siglo, de un sistema de seguros sociales pionero de todas las formas actuales de Seguridad Social, como medida de política interna tendente a paliar el malestar obrero. A pesar de ello se desembocó en el atentado de Sarajevo contra el archiduque Francisco Fernando el detonante de la primera guerra mundial. Con lo que antecede no se pretende justificar la postura de ninguno de los dos bandos, sino ahondar en las causas.

El segundo hecho sorprendente fue el cambio de parámetros a la hora de calcular el P.I.B. Se dejó de considerar como elementos integrantes del mismo a los recursos naturales y al desempleo y se dirigió la atención hacia la producción, de la que el empleo es el factor principal. El ejemplo de Alemania estaba presente en el subconsciente de los teóricos de la Economía, pero confundieron innovación y oportunidad con producción. Alemania desarrolló lo que el proceso económico necesitaba en el momento justo, lo cual es muy diferente de que en cualquier momento haya que actuar como ella para que el proceso de desenvuelva mejor. Si profundizamos más comprenderemos que en ese momento se creyó que el aumento de la producción era un factor económico decisivo, cuando en realidad lo que había sucedido es que se introdujo en el proceso una innovación, una idea realmente de acuerdo con la naturaleza de éste, por lo que pensar que las ideas correctas producen una mejoría del proceso, un «tirón», habría resultado más acertado que considerar que el fenómeno se produjo por aumentar la producción.

El convencimiento de que aumentando la producción se va a estimular la economía ha dado lugar a la generación de excedentes (recuérdese el problema de la Comunidad Europea y la mantequilla, que sobraba en tales cantidades que hubo que desviarla para uso industrial, con las consiguientes pérdidas, así como la paralización de grandes industrias siderúrgicas a través de los procesos de reconversión, dejando en la calle a miles de obreros y los almacenes repletos de stoks que no tienen demanda en el mercado). Esos excedentes han alertado a los gobiernos y se ha empezado a caminar en la dirección opuesta: desde la Unión Europea se frena la producción, con lo que los campesinos, ganaderos y pescadores españoles han visto paralizada su actividad, la cual, como contrapartida se ha fomentado en otras naciones. Este fenómeno de dirigismo político de la vida económica se produce en un sistema de supuesta libertad de mercado (La traducción exacta sería libertad de precios). El paso siguiente en la doctrina económica tiene lugar cuando se pretende impulsar a la producción desde el consumo, pensando que un abundante consumo es la panacea. En aras de esta «ilusión» económica está permitido todo; la publicidad pierde el respeto al individuo, los mercados experimentan una absoluta falta de control. Cualquier medio es bueno con tal de vender y desde Estados Unidos se difunde la publicidad subliminal, así como las técnicas de Marketing basadas en el instinto sexual; todo ello, unido al concepto de crecimiento económico, provocan el actual consumismo. Se propugna oficialmente que el consumo es el motor de la economía.

Curiosamente, hay expertos que ven con claridad que el cálculo del P.I.B. no puede basarse en la producción, porque no puede constituir riqueza el hecho de que la selva sudamericana se esté convirtiendo en desierto por la tala masiva, con lo que las reservas naturales disminuyen y las lluvias, generadoras de vida, desaparecen del planeta. Como ejemplos de lo expuesto, en Estados Unidos se ha dado la voz de alarma, constatando que desde algunos bancos estadounidenses se está financiando la tala de la selva tropical centro y sudamericana para nuevos establecimientos de agricultura y venta de madera. Por otra parte, determinadas organizaciones no gubernamentales inglesas denuncian la destrucción de los bosques africanos por empresas japonesas en busca de maderas nobles a bajo precio. Todo esto provoca un empobrecimiento, no sólo del país expoliado, sino de todo el proceso económico. Pero se calcula que sólo cambiar la estructura del P.I.B. en los ordenadores de la UNESCO puede ser un proceso que dure siete años, por lo que, aún a sabiendas del error, se sigue usando el mismo concepto de P.I.B. para programar las políticas económicas.

¿Cuál es la explicación de lo qué está sucediendo?

El concepto mal comprendido de libertad, igualdad y fraternidad se tradujo en el fenómeno histórico del liberalismo. En realidad, de acuerdo con lo que los enciclopedistas franceses ya sabían, no puede haber una cultura sana sin libertad, unas leyes sanas sin igualdad y una economía sana sin fraternidad, pero los economistas de la escuela de Adam Smith entronizaron el dogma (La ciencia actual tiene muchos dogmas) de que no puede haber una economía sana sin libertad como cualidad del proceso, en lugar de atribuir la libertad a los hombres que lo realizan. Así se desarrolló el capitalismo, creyendo que la bondad de los resultados iniciales dependía de esa supuesta libertad económica. Como mera reacción surgió el comunismo, al comprender que la libertad sin control en el campo económico conduce a la explotación del hombre por el hombre y desde el pensamiento de Carlos Marx se configura el sistema comunista en el que la cualidad moral que se atribuye al proceso económico es la igualdad. Todos han de ganar lo mismo, con lo que no habrá desigualdades ni clases sociales. Además, se instituye un sistema de propiedad compartida, en el que el Estado es dueño y administrador absoluto, y por tanto la propiedad corresponde a todos por igual. Con esta situación, la política entra de lleno a regular la economía.

En estos momentos ambas corrientes han encontrado una perfecta y armoniosa sintonía. Todos los Gobiernos, independientemente de la titularidad privada o estatal de las empresas, dirigen a golpe de legislación el proceso económico, con la esperanza de engrosar las arcas públicas y los bolsillos de los dirigentes. Los nuevos capitalistas de izquierdas o de derechas desarrollan agresivas políticas económicas, en las que la libertad ya no es patrimonio ni de los hombres que lo realizan, ni siquiera del proceso en sí. Ahora el sustrato libre en nuestra sociedad es el mercado. Hemos depositado la libertad en un ente absolutamente abstracto que no tiene características de localización físico-temporal ni personalidad real para poder actuar o no con libertad y creemos que la economía solita, si le damos plena libertad en el mercado, va a enderezar los graves problemas que la época tiene presentados. La libertad, esa vieja aspiración humana ha dejado de considerarse como una cualidad humana y se considera característica del mercado; la actividad humana se ha sustituido por la actividad del proceso económico. Muchos Gobiernos socialistas se desenvuelven en esta línea, con el convencimiento de que adoptan la postura más práctica y a pesar de la oposición de los ideólogos más puristas, son bastante coherentes con la época porque la tesis social así lo dictamina.

Un comunista actual ha de elegir entre una de las dos ideologías en vigor para él: La Marxista en la que se postula que el capitalismo es deleznable y la teoría económica, en la que se dictamina la libertad de mercado. En realidad son dos posturas irreconciliables, pero los socialismos modernos han optado por admitir el dogma científico, dejando de lado la ideología marxista que se le opone. Lo que escapa del razonamiento común es que hay un punto en el que el comunismo y el capitalismo se parecen mucho: los dos impiden que el proceso económico se mueva en el ámbito de la fraternidad, aquel sustituyéndola por la libertad y éste por la igualdad. Los dos impiden que el hombre pueda transformar el proceso económico dentro de una completa transformación social, al poner a dicho hombre al servicio del proceso, en lugar del proceso al servicio del hombre.

Y el último cambio es bastante reciente. Como ha sido habitual hasta ahora surge sin que los hombres nos demos plena cuenta de sus dimensiones y consecuencias y cuando queremos ver hemos sido absorbidos por el proceso. Consiste en que la actividad comercial se dirige preferentemente hacia el dinero. Ahora no tiene importancia el mercado en el que se intercambia el valor de las mercancías por el valor del dinero. Ahora todo se dirige desde el mercado del dinero.

Por ejemplo, un hipermercado realiza actividades comerciales tradicionales a gran escala, porque su fundamental interés se centra en obtener volúmenes económicos que puede manejar durante tres meses y los invierte en préstamos a bancos o en productos económicos en zonas de alto crecimiento que necesitan dinero y lo pagan a precios altos.

El dinero se consigue pagando a los proveedores con retraso y durante dos o tres meses el costo de los productos ya vendidos al público son fondos en poder del hipermercado. Así existe de forma permanente un depósito en manos del intermediario-distribuidor que debería haber pasado a poder de los fabricantes.

Estamos ante un fenómeno que se puede llamar el mercado del dinero. En aras de conseguir dinero se está deteriorando el tejido comercial por diversas causas: En principio, al comprar la producción anual de toda una fábrica para una marca blanca, el hipermercado condiciona el precio de producción de dicha fábrica, reduciendo considerablemente los márgenes comerciales de ésta; la reducción de márgenes se traduce cuando menos en una descapitalización y frecuentemente en que los beneficios no permiten suficientes inversiones para mantenerse en vanguardia. Además, al ofrecer productos a precio más bajo, se destruye el pequeño comercio de la zona donde se implante la gran superficie comercial. Por otra parte, el nivel de calidad va menguando en aras de bajar los precios para captar más clientes y aumentar la cifra total de ingresos. No se busca la calidad en los productos, sino la cantidad de dinero recaudada. La venta a la baja origina un progresivo deterioro de los sectores afectados, porque los comercios pequeños tienen que actuar con márgenes mayores y no pueden sobrevivir.

A esto hay que añadir que al quebrar el tejido comercial, los únicos puestos de trabajo que se conservan son los de estas macroempresas, que suelen emplear personal joven, con contratos eventuales y salarios bajos. La inestabilidad social se genera desde todos los frentes.

Hoy en día aparecen detractores del sistema, como Edward Nicolae Luttwak, alto mando del Pentágono, oriundo de Rumania y considerado el mejor cerebro militar de su generación. Luttwak habla de un «Turbocapitalismo», en el que «el 1% de los ciudadanos concentran el 40% de la riqueza del país; la mayoría, que ha cambiado la familia por la promesa de dinero, se está sintiendo engañada», añadiendo que «la búsqueda de la eficiencia a todo costo y el exceso de competitividad entre las empresas están masacrando a las personas. Desde el punto de vista humano es cruel, del punto de vista económico, es contraproducente». Considera que el consumismo exagerado es un síntoma de una enfermedad económica, convirtiéndose en «la única válvula de escape, el último reducto de la autoestima», y resultado de una profunda insatisfacción social. La consecuencia, según Luttwak de esta situación es que se abre el camino a un partido de corte fascista que prometa un mercado protegido, tranquilidad en el trabajo y sólo búsqueda moderada de la eficiencia. En resumidas cuentas augura el florecimiento del fascismo como consecuencia de lo que el considera mala aplicación de la libertad.

Luttwak no llega a percatarse de que la libertad ha de estar en la cultura y la fraternidad en lo económico, pero al menos comprende que la libertad en lo económico resulta destructiva.

A esto hay que sumar otras actitudes menos realistas, más de «escape» como el intento de la Administración Clinton de salir del torbellino con los Presupuestos de Ciclo Corto, en los que se hace una especie de «borrón y cuenta nueva», olvidándose de las situaciones económicas del pasado y pendiente sólo de las que pueden presentarse en el futuro, o las teorías de las «Espectativas racionales» de Robert E. Lucas, por las que ha recibido el Nóbel de Economía en el 95, que vienen a decir que la inflación no es consecuencia de hechos económicos objetivos sino del criterio interpretativo de dichos hechos en cada uno de los inversores. Con esto, la ciencia económica se separa del proceso económico y viene a basarse en la subjetividad.

De esta misma manera denuncian los hechos muchos economistas actuales, entre ellos John Kay, quien constata, con los datos de un estudio de rendimiento de 34 grupos de analistas británicos realizado por la consultora London Economics: «todos los analistas económicos vienen a decir lo mismo al mismo tiempo. Y se equivocan casi invariablemente. La única disidente es la realidad».

Clinton y su camarilla pretenden que una enfermedad puede curarse, simplemente olvidándola. Se considera, en serio por supuesto, que los problemas desaparecen por el mero hecho de no apuntarlos en un papel, en base a aquella cualidad que en el capítulo de economía natural se resaltaba en América: América es el futuro; en ella predomina la alimentación a base de maíz y los resultados de esto se pueden apreciar en el hecho de que los Estados Unidos deciden considerar sólo el futuro a la hora de pensar en lo económico. La realidad es que estamos usando una ciencia equivocada, un método que está demostrando su absoluta inutilidad, que pretende prever la situación económica, cuando al no comprenderla en su totalidad va permanentemente a remolque de ella.

Para terminar, volvamos al camino que la moneda ha recorrido a lo largo de la historia:

El papel cada vez se utilizó más como moneda, con lo que el oro, antes desparramado sobre la faz de la tierra, circulando de mano en mano, sufrió una transformación profunda, en contra de su estado natural: Se le extrajo de aquellos lugares en que se halla disuelto a pequeñísima concentración entre otras sustancias (lechos de los ríos, fundamentalmente), donde estaba en contacto con el aire y el sol; se le comprimió en lingotes que se depositaron en cajas blindadas bajo la superficie de la tierra, lejos del aire y del sol. Ya en el siglo XIX se adoptó, a iniciativa de Inglaterra, el Patrón Oro, consistente en lo que sigue: Cada nación atesoraba una cantidad de oro, que venía a ser equivalente en valor al del papel moneda emitido.

Este tratamiento que se da al oro coincide un fenómeno de desnaturalización de este mineral a lo largo y ancho de la superficie terrestre, proceso que ha medido el Profesor Kolisko. El oro ha ido perdiendo sus características iniciales, al igual que el sol pierde progresivamente su cualidad solar, su vida, lo que se evidencia por las cada vez mayores manchas solares.

Curiosamente, el símbolo se degrada paralelamente a la degradación del ente al que representa.

En un primer momento se decidió que cada país guardara en sus cajas fuertes un peso en oro equivalente al valor del dinero en circulación.

El patrón oro propuesto por Gran Bretaña se aceptó con entusiasmo por los distintos países, hasta que Charles de Gaulle reclamó a Estados Unidos una fuerte cantidad, en oro. En el mandato del presidente que pasará a la historia por algo secundario, ser el responsable del asunto Watergate, se decidió abandonar el patrón oro. A partir de ese momento, Mefistófeles había logrado su objetivo. El dinero no tenía entidad real sobre la tierra. Se estaba manejando algo que no era el símbolo de un valor concreto, sino la suma de múltiples valores (recursos naturales, estabilidad política, reservas de crudo, reservas de divisas, mercados dinámicos, Bolsas potentes...), valores en su mayoría intangibles y que actúan indirectamente sobre el dinero, sobre un pedazo de papel que, a la hora de la verdad, no es absolutamente nada.

Pero aún hay más. Ya no tenemos siquiera el papel. Ya no hablamos de monetarismo. Ahora se ha pasado al plástico y a las órdenes por cable desde un terminal. El fin de quienes dirigen los destinos de los hombres no es ya obtener dinero. Esa es la pantalla engañabobos. Los seres humanos y las instituciones hemos llegado a considerar que el dinero es la única cosa estable sobre la faz de la Tierra y en nuestra desesperación por conseguirlo nos vendemos, como Esaú, por un plato de lentejas, permitiendo que otros nos manejen, dispongan nuestra actividad laboral y nuestro tiempo libre.

Para esos otros el fin ya no es el dinero.

Con una humanidad debilitada en su consciencia y con el pensamiento oscurecido, se trata de dominar a los hombres además de dominar la tierra; estamos en una clara economía de poder, con todas sus nefastas consecuencias. Y usamos los símbolos de las entidades omnipotentes: El petróleo, la electricidad y la energía atómica.

Ya no se habla de dólares en oro ni siquiera de petrodólares. Se tienen monedas sin más respaldo que el papel en que se imprimen, o mejor dicho, el plástico que representa ese papel. El petróleo es el producto final de la putrefacción en el interior de la tierra de la materia orgánica. Primero fue el oro, el símbolo del elemento generador de vida, después el papel, una sustancia que ya no es viva como los arboles de los que procede, pero mantiene ciertas cualidades vitales y por último el petróleo, un producto resultante de la putrefacción de masas vegetales, la degeneración tóxica de la vida. Y hemos sustituido los billetes por plástico, no por otra sustancia cualquiera. Todo sigue estando perfectamente concatenado en este paseo desde la vida hacia la muerte.

El dinero de plástico ha supuesto otro cambio profundo en la dinámica económica y su aparición ha sido posible al transformarse por completo la circulación del dinero.

Antes, para conseguir mejores condiciones de compra-venta los empresarios se trasladaban de mercado en mercado por lo que el dinero pasaba de mano en mano en forma de billetes, talones, letras, pagarés...De una forma ú otra lo que se movía, lo que circulaba entre los hombres era primero el metal y después el papel.

La circulación económica estaba constituida por dos corrientes: mercancías y dinero, al igual que el organismo humano tiene dos corrientes circulatorias, linfa y sangre.

Hoy, amén de que los mercados están en las terminales de los ordenadores, así como otras muchas cosas, a través de las autopistas de la información, todo se reduce a pulsar una tecla y lo que se mueve es electricidad; pero se mueve, no entre los hombres, sino entre terminales de ordenador. Y el elemento conductor de las órdenes ha sido el cobre, así como el oro ha pasado a formar parte del sistema de circuitos interiores, aunque en la actualidad se está implantando como conductor la fibra de vidrio, el silicio, un elemento que se parece mucho al carbono, diferenciándose de éste en que no puede sustentar vida, y como base para fabricar los chips está en experimentación una técnica revolucionaria: La materia viva; partes de tejidos vivos resultan los elementos idóneos para el futuro de la informática.

La circulación del dinero hasta ahora fue externa, visible; ahora es misteriosa e invisible, absolutamente esotérica.

En estos días se hablaba mucho de la quiebra de la banca Barings, por las operaciones deficitarias realizadas desde el año 1992 por Nick Leeson en Singapur. En sus declaraciones, el propio Leeson afirma: «Puede parecer estúpido, pero nada de esto es dinero real, no es como si lo vieras encima de la mesa». Sostiene que todo lo hizo por el bien del banco y él no se llevó ni un penique. Lo que hizo Nick Leeson fue entrar en el ordenador de la empresa y trabajar con productos económicos como el que juega una partida de «La Guerra de las Galaxias» en realidad virtual. Cuando perdía hacía como nuestros hijos en esos videojuegos; nuestros hijos hacen copias del programa y si les matan sacan otra copia y siguen jugando; pues bien, Leeson inventó una cuenta de pérdidas y allí enterraba las pérdidas en su juego virtual, sin darse cuenta de que lo virtual en lo económico es hoy lo único real.

A pesar de todo, los hombres pretendemos atesorar dinero como si se tratara de la única realidad en nuestras vidas. Despreciamos el espíritu porque no lo vemos pero amamos el dinero con mayor intensidad cuando dejamos de verlo y, en puridad de conceptos, la única diferencia entre lo que hoy percibimos del dinero y lo que se nos manifiesta como acción del espíritu, reside en que lo primero lo podemos contar, sin entender que la cantidad en el dinero no significa nada. La auténtica importancia del dinero reside en su valor, un valor absolutamente real mientras mantuvo su cualidad de medio, su característica de permitir la libertad como cualidad de la cultura, las relaciones humanas en el marco de lo jurídico y la satisfacción de las necesidades dentro del proceso económico. El dinero que sobra de todo esto no tiene el menor valor y el fenómeno de su acumulación en unas pocas manos está dando al traste con todo el proceso social.

Esta es la situación actual: los ciudadanos convertidos en monigotes por la desinformación a que ha llegado la saturación de datos de los medios de comunicación, por la dualidad contagiosa y empobrecedora para el pensamiento de la informática, por el continuo y desenfrenado esfuerzo en pos de dinero...Los poderes públicos tan corrompidos como los ciudadanos por la apetencia insaciable de dinero, meta de cualquier actividad, ya sea religiosa, política o económica, el proceso económico en manos de ordenadores que controlan las bolsas, los bancos y los organismos oficiales; el dinero convertido en una abstracción absoluta cuando debería ser la herramienta fundamental para actuar el espíritu sobre la tierra... Todo el trabajo que el hombre ha realizado a lo largo de los siglos para tomar las riendas de su evolución lanzado por la ventana y evaporado en el aire.

Además, para obtener mayores beneficios, o dicho de otro modo, con un móvil absolutamente egoísta, hemos entrado en el campo más peligroso de cuantos ha hollado la humanidad: la energía atómica.

Conocemos lo suficiente del proceso de fisión nuclear como para usar el enorme caudal de energía que se desprende en él, pero luego no sabemos qué hacer con los residuos y los amontonamos en el fondo del mar, los enterramos bajo tierra, hay quien habla de depósitos en la Luna... Hemos puesto en marcha un proceso de destrucción que ignoramos cómo parar. Usamos la energía nuclear sencillamente porque es más rentable, más barata que otras.

En este punto cabe hacerse unas preguntas muy simples: Dado que no nos importa nuestra propia destrucción en aras de una mayor rentabilidad, ¿Es esa la razón de tantas guerras? ¿Sabemos ya que la vida de otros seres humanos nos cuesta más que su muerte? ¿Hasta dónde podemos llegar?

Intentar corregir en esta época los errores de la economía monetarista (una situación perteneciente al pasado) además de imposible sería una vana tarea; por el contrario, corregir los de la economía de poder es una acuciante necesidad para la humanidad.

Epílogo

Y ahora ¿cómo abordar todo esto?

Es indudable que la evolución ha seguido unos caminos en los que cada vez hemos complicado más las cosas. Existen luchas en todos los órdenes, desde las políticas de estado hasta los asuntos más nimios, habiendo llegado a una situación de pugna y competición permanente. Parece que un hombre sólo triunfa cuando consigue más que los que le rodean y dicho triunfo no se busca a través de la autosuperación, sino de la confrontación con el otro, de la anulación de toda clase de competencia, real o hipotética. Nos asombramos cuando un atracador asesina a su víctima por el dinero que ésta lleva en el bolsillo, pero nos tiene sin cuidado que los ricos se enriquezcan cada vez más a expensas de los pobres, existiendo gente que muere de hambre mientras otros tiran comida al mar porque no resulta competitiva en el mercado. Aún no nos hemos dado cuenta de que la competitividad es buena sólo cuando sirve de acicate para desarrollar la imaginación en el proceso económico, con lo que nos ayuda a superarnos, pero indeseable cuando busca obtener situaciones de privilegio con las que quien sea pueda imponer su tiranía sobre otros hombres.

Se nos adiestra, ya que no se le puede llamar a eso educación, para triunfar en la guerra permanente en que hemos convertido la sociedad; un paisaje plagado de depredadores, de seres que intentan arrebatar a otros sus pertenencias con los métodos más variados y sutiles; si la destrucción del prójimo no sólo no se considera moralmente reprobable, sino en muchos casos una especie de trofeo como las cabelleras de los enemigos o las plumas de águila de los aborígenes norteamericanos, ¿Qué podemos esperar de la relación con la naturaleza? La naturaleza es el sustrato del proceso económico, la base de donde el hombre extrae los productos que transforma para introducirlos en la circulación económica. Constantemente se habla de la lucha por la vida, de la selva urbana pero a la luz de un análisis profundo la comparación es bastante desafortunada; en la naturaleza los seres matan exclusivamente para sobrevivir, en la selva de asfalto se mata por ansia de poder o simplemente por diversión, aberraciones que son inconcebibles en los ecosistemas. Los animales tienen pautas de conducta genéticas que en el hombre se han borrado con la evolución hacia la individualidad, pero esta evolución debería haberse realizado en todos los órdenes y la realidad es que se ha producido exclusivamente en el económico. El hombre actual dispone de mucho tiempo libre, de un entorno progresivamente confortable, de fuentes de información y posibilidades de acceso a la cultura y al desarrollo del pensamiento. Con todo esto podría ser mucho más sabio y, como consecuencia de ello, haber desarrollado una moral individual que le permitiera usar lo que la naturaleza le brinda sin estar abocado a la destrucción absoluta. En cambio, el avance económico acompañado del estancamiento moral y cultural ha provocado el deterioro del entorno como consecuencia del saqueo irracional, realizado con absoluto desprecio por las otras formas de vida.

La situación se ha tornado tan enmarañada que muchos consideran que la Tierra es insalvable y esperan oleadas de OVNIS que nos lleven a otros planetas donde la humanidad pueda continuar desarrollándose.

Sin duda esa sería una solución. Y sería la única posible si no pudiéramos trasformar lo que a lo largo de la historia los hombres hemos destruido en nuestro aprendizaje. Que la Tierra está llegando a sus últimas boqueadas de vida es un hecho tan obvio que incluso los que no creen en nada salvo en la pura materia aceptan esta aseveración, sin percibir que en ella existe la aceptación tácita de la agonía de la Tierra como ser vivo. Que tras lo mineral, vegetal y animal que puebla su superficie se halla un organismo completamente vivo y diferente de sus moradores de la misma manera que la humanidad es algo diferente de los seres humanos individuales, y ese ser terrestre está agotando sus fuerzas vitales por mor del saqueo a que le ha sometido el irracional proceso económico. Lo que es cierto es que marchándonos del planeta tal vez resolviéramos el problema a nivel humano, pero abandonaríamos a la destrucción total a cualquier forma de vida animal o vegetal, víctimas inocentes de nuestro difícil y contradictorio avance. Marcharnos sería una forma tan cobarde como egoísta de salvar el pellejo.

A lo largo de los siglos, las culturas y las relaciones humanas han avanzado muy poco, como hemos visto en estas páginas. El pensar humano se mantiene en la dualidad, característica que ya desde la cultura Egipcia vemos que requiere nuevos matices y componentes; el pensamiento Egipcio lo desarrolló la escuela Pitagórica, de donde se nutrieron Sócrates, Platón y Aristóteles. Después de Aristóteles ha habido mentes que trabajaron de manera innovadora: Goethe, Giordano Bruno, Hegel... casos aislados dentro de una cultura que rechaza lo verdaderamente nuevo pretendiendo cambiar el mundo con pensamientos viejos. La ciencia ha desaparecido en el momento en que la técnica ha invadido el terreno y las relaciones entre las personas no han pasado de rizar el rizo sobre algo que ya Roma había desarrollado. No obstante, lo económico ha continuado creciendo y transformándose en un motor de la vida social en sus otras dos vertientes, cultural y jurídica. El problema reside en que la falta de control del hombre de esos procesos que él mismo ha creado, ha ido desembocando en un crecimiento patológico que se produce en la zona de una herida profunda. El motor económico ahonda esta herida social.

Está muy extendida la creencia de que todos los problemas que nos aquejan se han de resolver desde lo económico, sin percibir que el problema de fondo reside en que esa creencia es errónea. Precisamente por buscar que lo económico sea el motor del cambio, en vez de comprender que los hombres hemos de cambiar de manera enérgica y activa los errores sociales que padecemos, hemos caído en la cultura del bienestar en la que no se concibe el desarrollo individual sino la búsqueda de la satisfacción de todo tipo de deseos y apetencias que se pueden satisfacer con dinero, convirtiéndolo todo en un enorme mercado; al pretender sustituir la actividad humana como motor (el pensamiento y la actitud moral correcta) por soluciones automáticas que provengan del mercado, se ha trasladado el asunto desde los planos espiritual y anímico al físico. Esta situación convierte al hombre en un ser profundamente desorientado porque lo económico se traduce en mercancías y en dinero, realidades tangibles, perceptibles con los sentidos y evaluables, y tanto la educación como la vida social (las relaciones anímicas con los demás) se desenvuelven entre hechos absolutamente imponderables, de naturaleza no sensible. Lo sensible tiene sus propias leyes, pero no son trasladables a lo anímico-espiritual.

El hombre encuentra gran cantidad de contradicciones entre su sentir, su anhelo de ser mejor y lo físico que actualmente se propugna como única realidad. Al primar lo económico sobre lo moral y sobre el conocimiento hacemos el proceso justamente a la inversa de su sentido natural. En realidad la sabiduría debe ser la fuente de toda moral y la moral debe ser la base de nuestra relación con la sociedad y con la naturaleza. Ambas, pues, tendrían que sustentar lo económico, basándolo en un exacto conocimiento de las leyes que rigen la vida y una correcta aplicación de las mismas en la relación entre los hombres y entre éstos y la naturaleza.

Existen otros intentos de resolver los problemas que nos rodean. Algunos postulan que la Madre Tierra ha de imponernos su sabiduría, que hemos de frenar el ataque que constantemente sufre cuando buscamos recursos de todas clases y volver a una vida natural, sencilla y alejada de la complejidad actual, con lo que preservaríamos la Tierra y a la vez erradicaríamos el mal de nuestras vidas. Pero ojalá fuera tan sencillo. Con inhibirnos y dejar las cosas como están no basta para que se restablezca un mínimo de equilibrio en la naturaleza y por otra parte, la forma de resolver un problema moral no consiste precisamente en marcharse lejos de dicho problema. Así actúan las avestruces y no parece probable que una moral de avestruz pudiera acarrearnos ningún beneficio. Tenemos ante nosotros la inmensa tarea de restaurar, de transformar todo lo que a lo largo de la historia la humanidad ha hecho surgir con su actividad enferma, contagiando al planeta. Por otra parte, hoy en día una gran mayoría de seres humanos valoran lo que el hombre ha conquistado y ahora empieza a usar como herramienta verdaderamente suya: el pensar. El conocimiento los hace libres y de acuerdo con ello, sienten que dejar los logros científicos y técnicos supone una forma de involución, una pérdida de la parcela de libertad tan preciada que sin duda hemos conseguido a costa de la salud de todo el proceso social. Este sentimiento responde a una realidad no hecha consciente, la realidad de nuestra historia, de que somos nosotros, los seres humanos, los que hemos alterado el orden natural, por lo que en justicia es a nosotros a quienes corresponde establecer un nuevo orden.

La gran pregunta reside en la incógnita de si podremos lograr que surja una forma de equilibrio semejante al que la naturaleza había armonizado en todas y cada una de las distintas épocas. Es obvio que no se trata de que los dinosaurios vuelvan a vivir entre nosotros, y posiblemente habrá especies que tengan que desaparecer. Cuando un organismo está enfermo no nos preocupamos por la caída del pelo o de las uñas e incluso podemos sacrificar y extirpar órganos enfermos si no son únicos y vitales. No es tan importante que sobrevivan las partes como conservar la salud del todo.

En la medicina más tradicional, cuando un organismo está gravemente dañado es frecuente que varios especialistas se reúnan para buscar una acción terapéutica que realmente sea efectiva. En la Facultad de medicina se enseña que todo cirujano debería estudiar anatómicamente el campo operatorio antes de proceder a la intervención, teniendo entonces gran parte del camino andado. Antes de entrar en el estudio de cualquier tipo de patología han de aprobarse asignaturas como la fisiología o la anatomía, o lo que es lo mismo, se ha de conocer el organismo que se pretende tratar como condición previa a toda terapia.

Lo que no hemos llevado aún a nuestra comprensión es el hecho de que lo social es un gran organismo, un conjunto de organismos (a los que precisamente denominamos órganos u organismos sin siquiera darnos cuenta de que lo son) que tienen una estrecha vinculación entre sí y cuya fisiología hemos de conocer.

Es elemental conocer el hecho de que lo económico constituye lo que tiene que ver con nuestro cuerpo del que se ocupa la anatomía, lo jurídico con aquello de lo que se ocupa la fisiología y lo cultural con aquello de lo que trata la sicología. Y por supuesto, sólo podremos contestar a la pregunta sobre nuestra capacidad para lograr un nuevo orden si nos ponemos manos a la obra, empezando por saber a qué nos enfrentamos .

Entonces surgen los verdaderos problemas, los que aparecen siempre que nos situamos frente a algo nuevo intentando averiguar cómo hemos de actuar. En el momento de contemplar el proceso económico hemos de abarcar el panorama total, porque si consideramos parcialmente las cosas, si las tomamos aisladamente podemos ocasionar nuevos males o despilfarrar fuerzas que nos serían mucho más útiles atacando a la fuente que a los síntomas del problema.

Veamos esto con un ejemplo: Hasta ahora, la ciencia económica ha ido dando bandazos de un extremo a otro, pensando que lo fundamental era el crecimiento económico y buscaba el motor de la economía en las materias primas, en la producción, en el consumo... consecuentemente se pensaba que estimulando la producción o el consumo se conseguiría un beneficio en lo económico y por ende en lo social. Sin embargo la historia nos muestra repetidas veces que los hombres no son más felices por ser ricos, sino más bien al contrario: la riqueza como objetivo despierta la insaciabilidad. Los hombres son verdaderamente felices cuando cumplen bien con su trabajo, cuando se sienten útiles para la sociedad o para otros hombres, cuando investigan las leyes que rigen los mundos... cuando la felicidad no es su meta sino les viene dada por añadidura. Pero para llegar a esta situación es necesario un alto desarrollo moral individual. En este caso, la producción, el consumo y el beneficio son sólo factores secundarios, de la misma manera que lo son la fiebre o la aparición de ronchas. Lo esencial es la satisfacción de las necesidades humanas, condición indispensable para un orden social justo.

Por otra parte no se puede implantar el bien por decreto ni esperar que nazca el altruismo como cualidad social de la noche a la mañana. Las cosas precisan de un tiempo de maduración y es necesario empezar por entender en qué nos estamos equivocando, lo que equivale a plantar la semilla. Cuando se comprenda que el nacionalismo o la esclavitud fueron hechos sanos para la humanidad durante cierto periodo de tiempo pero una vez pasado ese tiempo se convierten en una enfermedad social, cuando esto sea comprendido por un número suficiente de hombres, se abordará el tema del terrorismo de otra manera y se prestará más atención a toda forma de dominio.

Veamos otro ejemplo: Se considera un axioma inamovible que la cualidad propia del mercado es la libertad en los precios. Todas las legislaciones modernas se basan en esa premisa económico-social y sin embargo es el propósito de este libro destacar como cualidad moral de lo económico la fraternidad, o lo que es lo mismo, el proceso económico sólo tendrá salud si cada hombre extrae de él lo que necesita para su evolución y al mismo tiempo forma con lo que le sobra un fondo de donación para sostener a los económicamente improductivos, con lo que el fin de dicho proceso será satisfacer las necesidades de todos.

Algunos personajes destacados de la esfera científico-política afirman que actualmente eso es imposible, que no hay recursos suficientes para todos con la producción de que se dispone, lo cual es cierto tanto con la organización político-económica en la que nos movemos como con la actual distribución de los beneficios que se extraen de lo económico, pero si los recursos que se destinan a la competitividad, a la opresión física o espiritual (que tanto se practica en esta época en dos vertientes, la de los impuestos destinados a la actividad bélica y la de las donaciones o impuestos a las sectas o instituciones supraestatales que prometen la más egoísta de las salvaciones, ya sea espiritual, ya material) se encauzaran hacia la formación de futuros hombres libres, hacia un sistema pedagógico que no sea la plataforma de lanzamiento de futuros depredadores, terroristas robots o cualquier otra de las aberraciones hacia donde se encamina a los niños actuales, empezaríamos a movernos en un caudal menos escaso.

Hay más cosas que de entrada pueden ser cambiadas si el hombre empieza a caminar por la senda del altruismo: el sentimiento y la comprensión de que el trabajo no es una maldición sino una herramienta para evolucionar individualmente, al tiempo que se producen mercancías con las que ayudar a otros a vivir mejor, permitiría sustituir el concepto de permanencia en el puesto de trabajo de tantos que trabajan lo menos posible porque necesitan comer por el de utilidad para la sociedad. Estos conceptos resultarán sencillos de entender cuando se hayan «borrado», olvidado los prejuicios actuales sobre el trabajo, desarrollando un pensar más firme y vivo. Si los maestros lo entienden podrán, a su vez, hacerlo comprender a sus discípulos, a partir de lo cual podrá empezar a aparecer un cambio social. Y no se habla de lavar el cerebro para que crean lo que los maestros dicen, sino al contrario, de dejar de lavarlo con el peso de la tradición y los prejuicios históricos que nos aplastan.

Para todas estas cosas es requisito indispensable comprender que cuando el hombre trabaja no deberíamos considerar que lo hace a cambio de un salario; que no se puede comprar su actividad como cualquier mercancía, sino que con su trabajo confecciona productos que tienen un valor económico y cede al empresario a cambio del salario, y el empresario a su vez los intercambia en el mercado por dinero que también es un valor económico. La afirmación de que el trabajador cobra no por su trabajo, sino por la venta al empresario de las mercancías o conjuntamente con el empresario de las mismas, contraviene de entrada todo lo que esta institucionalizado y establecido bajo el actual Derecho Laboral. De esta forma, el Derecho Laboral y el Administrativo no constituyen en sí mismos una forma de regular la Justicia, sino la manera más brillante y eficaz de privar al hombre de su dignidad y dejarlo indefenso ante el poder económico y ante el poder de la Administración. En ambos casos se le priva de la dignidad humana y se le equipara a la máquina. La Administración ya no considera nombres y apellidos, sino números, convirtiendo dichos números en un código de barras semejante al que identifica a las mercancías, Con ello se reduce al hombre a su esfera material, ya que en las mercancías no hay nada de anímico ni de espiritual.

Si se entiende esto, también se comprenderá porqué es más conveniente un cambio paulatino, en la medida en que la consciencia de los hombres lo acoja poco a poco, en vez de una revolución en la que unos cuantos actúan desde el conocimiento y la gran mayoría desde el impulso ciego y el revanchismo; así se transformará el Derecho haciendo de este planeta una morada donde lo humano tenga el lugar que le corresponde, porque la situación actual nos convierte en máquinas, en robots productores sin espacio para la rica vida interior que podemos y necesitamos llegar a desarrollar.

Si el hombre supiera que su trabajo realmente ayuda a otros hombres, en lugar de pensar como ahora que al único a quien beneficia es al empresario, podría desempeñar su tarea de una forma totalmente diferente a como se hace en la actualidad.

Sería necesario, asimismo, que el empresario comprendiera que los trabajadores no son máquinas de producir, con lo que habría que establecer otro tipo de relación. Pero los que quieren ejercer su dominio conocen muy bien la naturaleza humana y sabiendo cómo hacer trabajar a otros para su provecho han desarrollado técnicas para hacer creer a los hombres que se les considera personas, cuando en realidad se busca únicamente un aumento en la producción y no una situación digna y más justa.

Hoy en día se han instalado aparatos para música ambiental, se construyen oficinas con luz directa, aire acondicionado y colores suaves, se busca la comodidad de los trabajadores no porque a nadie le importe cómo pasan la mayor parte de su vida durante el tiempo de trabajo, sino porque se ha demostrado que la producción aumenta. Se engaña al hombre haciéndole creer que se le considera un ser humano y detrás late la forma más abyecta de dominio, de expoliación del hombre por lo más inhumano que existe sobre la tierra: el actual proceso económico. Con el tiempo los hombres se percatan del engaño, por lo que resulta muy difícil hacer creer al trabajador en algo que no sea en llevar cada vez más dinero a casa, en sacar la mayor tajada de la cadena de explotación.

Las cosas podrán empezar a sanar cuando el hombre deje de ser esclavo del proceso y se inviertan los papeles; cuando no sea el mercado el soporte de la libertad y el hombre permanezca esclavizado por su necesidad de ganar dinero para comer. Cuando el proceso esté realmente al servicio del hombre, de todos los hombres, y éstos puedan desarrollarlo con la suficiente libertad como para volcar en él su imaginación, su iniciativa y su creatividad, entonces habremos transformado la enfermedad, se habrá curado la herida.

Para llegar a esta curación primero hay que comprender, hay que conocer realmente lo que pasa cuando actuamos y qué alcance tienen tanto nuestros actos como el deterioro de la situación actual. Y hay que empezar por algún sitio, como por ejemplo, una visión de la historia económica en la que se tienen en cuenta factores fundamentales hasta ahora absolutamente ignorados por la ciencia oficial: La existencia de facultades, de impulsos anímico-espirituales sin cuya contemplación de está viendo al hombre de manera fragmentada e incompleta.

La consecuencia de esta fragmentación es la búsqueda de objetivos puntuales, aislados. No se soluciona nada luchando por la supervivencia de las ballenas, por ejemplo, si no se da la circunstancia de que de ella dependa la supervivencia de todo lo demás. Los movimientos ecologistas se empeñan en obstruir el proceso económico porque para ellos lo primordial es la conservación del estado natural de cosas que hemos heredado. Y tal vez las ballenas tengan que desaparecer como lo hicieron los dinosaurios, con lo que los esfuerzos de los ecologistas habrían sido en vano, un puro despilfarro, un debilitamiento social a la vez que un obstáculo, porque parten no del conocimiento de lo necesario sino de un sentimiento de conservación de los órganos del planeta semejante al de los Testigos de Jehová que se oponen por sistema a las transfusiones aduciendo incompatibilidades de naturaleza suprasensible que desconocen pero lo han encontrado escrito en su fuente de inspiración y, aún sin entenderlo, lo practican.

Y no sería justo hablar sólo de los ecologistas. Todas y cada una de las O.N.G., las Organizaciones no Gubernamentales, actúan en este momento como francotiradores aislados que en vez de colaborar al encauzamiento correcto del impulso de mejorar el mundo que late en todo hombre de buena voluntad, desgastan las escasa fuerzas que aún nos quedan para la dificilísima tarea de transformar lo social. Cada grupo halla una situación injusta que hay que enmendar, y en lugar de buscar las causas, rompen en una lucha sin cuartel, cuyos caminos se cruzan y oponen a los de otras semejantes. Si existe la tortura, si los hombres se imponen a otros por la fuerza hay que preguntarse si los opresores no resultan tan afectados como las víctimas de sus actos, y hay que averiguar qué oscuros mecanismos sociales han puesto en marcha la ausencia de moral individual que explica tanta crueldad, la ausencia de respeto por la vida y por los derechos de los demás, tras lo cual se descubrirá la existencia de graves errores en la política económica, en la estructura social, en la educación... Quedarse en liberar a los encarcelados injustamente, sin buscar una corrección de las causas de su infortunio es tanto como pretender trasladar el agua de un estanque con un cubo agujereado. Imaginemos por un momento que todas las fuerzas dilapidadas en la lucha «contra» se hubieran dirigido hacia una educación más humana que potenciara el desarrollo de una equilibrada individualidad, de una progresiva madurez dejando a un lado el actual «adiestramiento» de nuestros niños para salir victorioso en la batalla competitiva que viene a ser nuestra vida. Imaginemos que SER empieza a desarrollarse en nuestra sociedad de poder, como una multitudinaria meta individual al servicio de la cual está la colectividad. Imaginemos que ESTAR o TENER dejan de ser el fin último de todos nuestros desvelos, logrando que esto sea una posibilidad para todo hombre libre mediante una adecuada educación...

En cambio, lo que pretendemos actualmente tiene que ver tanto con el desarrollo de la ciencia económica, como con la ausencia de la comprensión de lo espiritual: se busca hallar soluciones a priori para todo, por lo que habrá muchos que al leer estas páginas se dirán: Muy bonito, pero si no me dices cómo solucionar el problema, si no das pautas de actuación concretas, lo expuesto no pasa de ser una inútil especulación. Ante estas opiniones hay que plantear las cosas de tal forma que se pueda comprender que, desde el punto de vista de lo que es necesario y primordial, lo fundamental radica, efectivamente, en encontrar soluciones reales, pero no por ello hemos de suponer que lo real sea sinónimo de inmediato o de solución previa.

En primer lugar, leyendo estas páginas se comprende sin mucho esfuerzo que la desviación del proceso se gestó con siglos de antelación a la aparición de una clara sintomatología social, o dicho de otra manera, cuando se llevan siglos de enfermedad no parece sensato esperar curaciones milagrosas. No, si son rigurosas y científicas. Todo proceso patológico crónico que acarrea alteraciones en las funciones de un organismo requiere, además de la terapia adecuada, un lento tratamiento de rehabilitación, y muchas veces la función no se recupera por completo. Por otra parte, también se pretende exponer la incidencia de factores de índole anímico-espiritual que la cultura actual desconoce o desprecia, siendo necesario un estudio que no se deje arrastrar por la superficialidad de esta época, por la introducción de la simplicidad de los procesos informáticos y estadísticos en la complejidad de los factores que actúan en la vida del organismo social.

Cuando establecemos una ley física, por ejemplo que en condiciones normales de presión el agua hierve a cien grados, es porque hemos podido repetir varias veces el experimento ya que en múltiples casos el resultado es el mismo si despreciamos factores secundarios, como la pureza del agua. Cuando se trata de seres vivos, la ciencia ha logrado averiguar que en los procesos patológicos existen unos parámetros que aparecen en todos los casos, llamados síntomas, pero uno de los primeros axiomas que se explican en las Facultades de Medicina viene a decir que no existen enfermedades, sino enfermos, advirtiendo al estudiante que no puede hacer tabla rasa, que cada caso ha de analizarse aisladamente, so pena de equivocarse. Así, ante una enfermedad terminal, el médico siempre dice que no puede predecir, que hay que esperar la evolución de la enfermedad.

Tratándose del organismo social, con sus órganos cultural, jurídico y económico, nos encontramos con una situación única que no podemos comparar con otras. Sólo hay un organismo y no podemos aplicar leyes que hayamos comprendido en otros. Lo único que podemos hacer es retrotraernos a situaciones de ese organismo en el pasado, pero nunca dos situaciones dadas en el tiempo son idénticas, entre otras cosas porque la evolución significa una progresiva complejidad que hace inaplicable el pasado en el presente. No obstante, una vez que el presente se nos revela podremos comprender mejor el pasado. Por otra parte, las matemáticas son un método propio para la contabilidad de un negocio, pero como tal método, el menos adecuado para estudiar a un enfermo. Actualmente la medicina no sabe salir de la estadística, con lo que no se comprende la enfermedad y la humanidad cada vez está más enferma. La ciencia económica, basada en las matemáticas resulta igualmente inadecuada para el estudio del proceso social o el económico, (procesos vivos) y, sin embargo es lo que dirige hoy en día la actividad de la humanidad.

Reducimos todo a lo económico y preguntamos qué hacer a los economistas.

Si pensamos que el hambre es hambre en cualquier momento histórico o en cualquier lugar de la tierra, tenemos razón, pero el hambre es sólo un síntoma y para hacerlo desaparecer es necesario estudiar en cada caso su origen y buscar los medios adecuados para curarlo; indudablemente, resolver el problema del hambre requerirá distintos métodos en zonas desérticas y subdesarrolladas de los aplicables en los cinturones de las grandes ciudades. Lo dicho nos lleva a comprender que no existen fórmulas mágicas ni previas, que cada caso requiere un tratamiento específico, pero lo que sí es común es el método, consistente en ahondar en el conocimiento de los trasfondos de la vida y desarrollar un alto grado de moralidad compatible con la libertad, de moral individual, de ética.

Hay muchos hombres que consideran estas cosas como poco prácticas y cabe preguntarse: ¿Este planteamiento es una quimera, bello y deseable pero incompatible con la naturaleza humana y por tanto imposible de llevar a la realidad?. La postura universalmente adoptada de considerar imposible todo cambio que no venga desde lo económico o desde esferas de seres más avanzados espiritualmente no nace de lo más elevado que hay en nosotros. Nace de la búsqueda de la comodidad que la sociedad del bienestar nos ha instilado como un veneno.

Mientras no lo intentemos no podremos saber si podemos. Además hay otra consideración de gran importancia: posiblemente si no lo intentamos ahora después será tarde, el proceso se habrá vuelto irreversible para nosotros.

Mandala Ediciones

c/ Escalinata, 9
28013 Madrid
Tel.: 91.5480954 - Fax: 91.5480326
URL: www.libroverde.com/mandala.html
e-mail: mandala@libroverde.com